21

DAS ANDERE

ANCESTRAL

Ancestral

Ancestrale

Goliarda Sapienza

© Editora Âyiné, 2020

© The Literary Estate of Goliarda Sapienza, 2015

Publicado em acordo com Piergiorgio Nicolazzini

Literary agency (PNLA)

Tradução e apresentação: Valentina Cantori

Preparação e edição: Danilo Hora

Revisão: Mariana Delfini

Projeto gráfico: Luísa Rabello

Imagem de capa: Julia Geiser

ISBN: 978-85-92649-63-0

Editora Âyiné

Belo Horizonte, Veneza

Direção editorial: Pedro Fonseca

Assistência editorial: Érika Nogueira Vieira, Luísa Rabello

Produção editorial: André Bezamat, Rita Davis

Conselho editorial: Simone Cristoforetti, Zuane Fabbris

Praça Carlos Chagas, 49 – 2º andar

30170-140 Belo Horizonte – MG

+55 31 3291-4164

www.ayine.com.br

info@ayine.com.br

GOLIARDA SAPIENZA
ANCESTRAL

Tradução de Valentina Cantori

Âyiné

SUMÁRIO

Fiore di sciara: a poesia de Goliarda Sapienza
Valentina Cantori — 9

Ancestral — 35

Sicilianos — 321

Índice de poemas — 357

FIORE DI SCIARA:
A POESIA DE GOLIARDA SAPIENZA[1]

O nome e as origens

Goliarda Sapienza: o nome constituía para a autora um peso já desde a infância, quando, ao se apresentar à molecada do bairro, escolheu o nome Maria, roubando-o à mãe. É a autora mesma a contar esse episódio em um de seus escritos autobiográficos, *Lettera aperta* [Carta aberta],[2] narrando esse pequeno furto como uma tentativa ingênua de se desfazer do nome que tanto a incomodava, e de se desfazer um pouco de si mesma.

---

1   O termo *sciara* é utilizado na região siciliana para indicar os acúmulos de material vulcânico nas encostas do Etna. No poema «Para o meu pai», Sapienza escreve: «Me ensinaste aquele riso que brota/ como uma flor de páramo em cascalho».

2   Goliarda Sapienza, *Lettera aperta*. Milão: Garzanti, 1967.

As anedotas são várias: há outro momento em que a autora diz ter feito uma pesquisa na lista telefônica de Catânia, movida por um sentimento de esperança e certa resignação, buscando inutilmente encontrar uma xará. É preciso dizer, porém, que a menina Goliarda não estava inteiramente só: havia Goliardo, primeiro filho de Giuseppe Sapienza, morto ainda garoto, três anos antes de Goliarda nascer, e pelo qual ela sempre sentiria muita simpatia e afeto. Na verdade, como diz a autora, esse nome foi escolhido pelos pais, ateus convictos, por não figurar em nenhum calendário de santos. E Goliarda Sapienza não imaginava o quanto esse nome, um fardo em seus primeiros anos de vida, caracterizaria profeticamente sua poesia e sua prosa, se pensamos que uma *sabedoria goliarda* proporia um saber feito de irreverência, um experimentar errático e iluminador.

Filha de Maria Giudice (1880-1953), figura de destaque no socialismo italiano, sindicalista e militante — foi a primeira mulher a dirigir a Camera del Lavoro de Turim —, e de Giuseppe Sapienza (1884-1949),[3] advogado socialista também empenhado na política, Goliarda Sapienza

---

3   Existe discordância sobre as datas de nascimento e morte de Giuseppe Sapienza, que, dependendo das fontes, oscilam alguns anos. A escolha dessas datas se baseia nos dados fornecidos pela *Assemblea Regionale Siciliana*.

(1924-1996) recebeu uma educação peculiar para uma menina de seu tempo, seja pela formação escolar cumprida em parte na própria casa, seja pela grande liberdade em termos de estudos e leituras, além dos numerosos encontros com intelectuais da época, que, por causa do envolvimento político dos pais, aconteciam em sua própria sala de estar.

Na escola, a situação foi bastante atribulada: a jovem Goliarda se confrontava diariamente e de forma áspera com a instituição escolar, carregando consigo a experiência de uma família antifascista e ateia, questionando métodos dogmáticos e autoritários, atitude que pouco agradava aos professores. A parte do percurso cumprida em casa, aliás, se deu após a expulsão de Goliarda e a consequente decisão, por parte dos pais, de afastá-la da escola. Como narra Angelo Pellegrino, companheiro de Goliarda a partir de 1975, em «Ritratto di Goliarda Sapienza» [Retrato de Goliarda Sapienza],[4] a menina foi expulsa porque durante uma aula de história romana afirmou que os romanos eram piores do que os fascistas por terem crucificado Espártaco e seu séquito. Quando o pai soube desse episódio, levou a filha para o terraço de Via Pistone, onde moravam,

---

4 Angelo Pellegrino, «Ritratto di Goliarda Sapienza». Goliarda Sapienza, *Lettera aperta*. Turim: Einaudi, 2017.

fez-lhe tirar o uniforme da instituição fascista e, juntos, o queimaram.

O teatro entre Catânia e Roma

Em uma entrevista de 1994,[5] Goliarda, aos setenta anos, de rosto franco e lucidez nos olhos, falava sobre a peculiaridade de sua educação e de como a ausência de religião havia caracterizado a sua infância, quando afirmou a respeito da família: «Tendo-me tirado Deus, o que não é de pouco valor, o que me deram? Me deram o teatro, a arte e o marxismo».[6] Troca pouco usual, mas certeira para uma criança que, mais tarde, encontraria sua máxima expressão no teatro e na literatura.

Goliarda herdaria de seu pai aquele frescor siciliano — a mãe era lombarda, transferida a Catânia por iniciativa do Partido Socialista Italiano —, marca da força criadora despertada já nos becos de San Berillo, bairro catanense onde a autora morava. É o pai a apresentar-lhe o teatro grego — cujo conhecimento ela deixa transparecer, sólido, como

---

5 A entrevista integrou o programa televisivo *Storie vere — Goliarda Sapienza* (1994), de Anna Amendola e Virginia Onorato, promovido pela RAI.

6 «Me ensinaste um amor que não tem deus» é o verso que abre o poema «Para meu pai».

o da literatura antiga e da moderna, em sua escrita — e o teatro dialetal; a levá-la para a Opera dei Pupi,[7] o teatro de marionetes típico da tradição popular siciliana; é também ele quem a leva ao cinema e a passear pela cidade. É com o pai que a jovem Sapienza absorve a cultura tradicional, adentrando os territórios da História, da arte e da política.

No teatro Goliarda encontra a sua própria linguagem e, exortada pelo pai a seguir a carreira artística, decide frequentar a Academia de Arte Dramática de Roma, referência no teatro italiano, onde recebe uma bolsa de estudo. Em 1941 muda-se para a capital com a mãe e inicia um período de descobertas e aventuras, vendo em Roma — «museu a céu aberto» e berço do cinema italiano — grandes expressões de arte e liberdade, mas não só: são os anos da Segunda Guerra Mundial e por isso Roma lhe revela também suas sombras. Em 1943 a situação se acirra: com a chegada dos nazistas um véu escuro cobre a cidade, que sofre com a guerra e com a fome; Sapienza, sempre fiel ao próprio senso de luta e de justiça, começa a integrar o movimento da Resistenza, juntando-se aos *partigiani*.

A esse período, marcado por perigo e miséria, juntam-se outros momentos difíceis: a mãe adoece de um

---

7   Na última estrofe de «Para meu pai», Sapienza se refere às aventuras de *Orlando furioso*, de Ludovico Ariosto (1474-1533), encenadas na Opera dei Pupi.

mal psíquico, que passa a lhe causar perdas de memória, iniciando aos poucos o seu declínio. Num equilíbrio já precário, abrem-se frestas por onde infiltram-se sempre mais e mais dilemas, deixando um terreno movediço prestes a ceder.

Goliarda poeta

A morte da mãe em 1953 e os princípios da atividade poética são eventos solidamente entrelaçados, tendo o primeiro concebido o segundo. Maria Giudice, é preciso dizer, nunca foi uma mãe particularmente calorosa, mas a filha jamais a culparia por isso, respeitando esse aspecto de seu caráter, também explicável por aquela severidade necessária à mulher revolucionária e militante que Giudice era. De qualquer forma, pode-se perceber que a relação entre Goliarda e Maria era sólida e de proximidade, ditada por um afeto profundo e uma forte admiração; foi precisamente essa perda que conduziu Goliarda para a beira de um precipício emocional, e que lhe fez sentir, na primeira noite de luto, a urgência de escrever: é assim que nasce o poema «Para minha mãe», que dá início à sua obra poética.

Os poemas desse período, cuja redação exigiria no total quase uma década, foram reunidos em *Ancestral*,[8] coletânea trazida pela primeira vez ao Brasil nesta edição. Alguns deles — que na época acharam o seu principal apreciador em Citto Maselli, reconhecido diretor de cinema, próximo do Partido Comunista Italiano e também futuro companheiro de Goliarda — foram apresentados para críticos que não reconheceram seu valor literário, em várias ocasiões. Goliarda poeta, como comenta Angelo Pellegrino na introdução à edição italiana de *Ancestral*, sempre teve certo receio de mostrar a própria poesia, não insistia em sua publicação, nem sequer em fazê-la circular, por um pudor de integridade e por sentir-se assim protegida. A sua necessidade de poesia aos poucos se intensifica, mas os poemas, em vez de serem apresentados ao público, são entregues aos abismos de um baú, onde esperariam intactos por cerca de cinquenta anos até Pellegrino decidir publicá-los.

Sapienza é um daqueles tipos poéticos raros, cuja percepção refinada e exata a torna capaz de combinar uma sutil elaboração linguística com a mais grave e imediata das escritas — lembrando muito Hilda Hilst —, capaz de sintetizar diferentes experiências do

8   Goliarda Sapienza, *Ancestrale*. Milão: La Vita Felice, 2013.

mundo, abrangendo a vitalidade da tradição popular e a erudição literária.

Uma das autoras mais importantes de seu tempo, Sapienza faria da própria vida um campo de estudo ao discutir temas que, segundo a mentalidade da época, pouco convinham a uma mulher, como a liberdade política e sexual, a naturalidade do desejo, o conservadorismo e as relações humanas com seus velhos costumes e tabus. Apesar de sua percepção lúcida e pontual — ou precisamente por isso —, a autora não vê publicada a sua poesia, e sequer boa parte da sua prosa. Segundo mecanismos ainda desconhecidos, há críticos e editoras que decidem homenagear poetas, prosadores e prosadoras, só após a sua morte: é o que acontece no caso de Sapienza, que veio afirmar-se apenas neste novo século, tornando-se uma sensação editorial com seu romance de destaque, *L'arte della gioia* [A arte do prazer],[9] que a editora italiana Einaudi decide finalmente publicar em 2008, no rastro do sucesso obtido em outros países europeus.[10]

9   Antes disso, *L'arte della gioia* havia sido publicado pela pequena editora Stampa Alternativa; primeiro em uma versão parcial (1994), e depois integralmente (1998).

10   São os títulos *In den Himmel stürzen* (Berlim: Aufbau-Verlag, 2005; publicação parcial); *L'art de la joie* (Paris: Éditions Viviane

FIORE DI SCIARA: A POESIA DE GOLIARDA SAPIENZA

Quando da primeira publicação de *Ancestral*, em 2013, Goliarda estava morta há mais de quinze anos.

Ancestral

A composição de *Ancestral* se estende por uma década difícil; além do luto existem dores que englobam outras formas de decepção: o desencanto com a política, a dificuldade de fazer teatro e cinema,[11] o afastamento da terra natal, a aversão por uma Roma mundana e hipócrita, a dificuldade das relações afetivas. No começo dos anos 1960 crescem o mal-estar e o senso de inadequação: a poeta tenta o suicídio duas vezes e é internada num sanatório, onde é submetida a eletrochoques. Recupera-se aos poucos desse período, em parte auxiliada pela psicanálise, mas sobretudo por meio da escrita: no final da década, ressurgindo de suas cinzas — como diz Pellegrino, em «Ritratto» —, começa, incessante, a escrita

---

Hàmy, 2005), *El arte del placer* (Barcelona: Lumen, 2007), *L'art de viure* (Barcelona: La Campana, 2007) e *A arte da alegria* (Alfragide (Amadora): Dom Quixote, 2009). O romance sairá no Brasil, pela Âyiné, em tradução de Valentina Cantori e Dirceu Villa.

11 Goliarda atuou em filmes de importantes diretores italianos, como Luchino Visconti (1906-1976) — desempenha um papel menor em *Senso* (1954) —, Citto Maselli (1930) e Alessandro Blasetti (1900-1987).

autobiográfica e logo a redação do romance *L'arte della gioia*, concluído em 1976.

Em *Ancestral*, Goliarda busca o conhecimento — e o ato de reconhecer — imergindo no passado, um pélago escuro onde não se sabe o que se vai encontrar. A memória é experiência sedimentada, e da mesma forma que se consolida precisa ser descoberta: aos poucos, em camadas.

Os títulos inicialmente pensados para a coletânea foram «Informazione biologica» [Informação biológica] e «I luoghi ancestrali della memoria» [Os lugares ancestrais da memória], títulos que desvelam, cada um em sua perspectiva, aspectos íntimos da obra. O primeiro sugere um retorno às próprias raízes, da família e da terra, mas não carrega em si a experiência universal que se impõe, explícita, com *Ancestral*. O segundo título se utiliza de um conceito-chave da *arte da memória*, conhecida também como *mnemotécnica*, uma disciplina antiga que estudava a criação de lugares e imagens para facilitar o processo de memorização. Com o título escolhido, Sapienza desce mais fundo, descascando outra vertente do tempo e atualizando uma hipótese que parte da experiência *individual* para um mergulho no *coletivo*.

Este livro de poemas constitui uma descoberta recente para leitores e leitoras, também na Itália, e é fundamental para entender toda a obra de Goliarda Sapienza: a experiência poética influencia o ritmo vívido

FIORE DI SCIARA: A POESIA DE GOLIARDA SAPIENZA

que perpassa sua narrativa e sua escrita autobiográfica, afinando a capacidade de construir imagens potentes e exatas, e de observar.

No final da década de 1950, Sapienza começa a escrever *Destino coatto* [Destino coagido],[12] um livro de contos publicado integralmente em 2002 e que não existiria sem os versos de *Ancestral*. A leitura de alguns textos sugere a ideia de uma prosa poética finamente construída, em que sobressaem o ritmo e as imagens, como quando a autora escreve:

> *L'ho vista. È tornata. Al tramonto. Spiava dietro il lampione. E quando il lampione s'è acceso ho visto i suoi capelli bianchi, ricci. Lo sapevo. Tornerà sempre, là, sotto il lampione.*

> Eu a vi. Ela voltou. No crepúsculo. Espiava de trás do poste. E quando o poste se acendeu eu vi os seus cabelos brancos, cacheados. Eu sabia. Sempre voltará, lá, junto ao poste.

Ou:

---

12 Goliarda Sapienza, *Destino coatto*. Roma: Empirìa, 2002. Alguns desses contos foram publicados previamente na revista *Nuovi Argomenti* em 1970.

Sono uscita dal sonno nel corridoio del sogno in punta di piedi, tentoni. In terra c'era sabbia umida, l'ombra delle tue occhiaie sui muri. Sotto le palme spalancate, visi di ghiaccio. Alla nuca il tuo fiato buio risucchia i miei capelli. Non posso tornare.

Saí do sono para o corredor do sonho na ponta dos pés, tateando. No chão havia areia úmida, a sombra das tuas olheiras nos muros. Atrás das palmas escancaradas, rostos de gelo. Na nuca o teu fôlego escuro suga o meu cabelo. Não posso voltar.

Outra obra que sente diretamente o efeito de *Ancestral* é *Lettera aperta*: esse texto autobiográfico é composto no período que se segue às tentativas de suicídio, na década de 1960, e nele a autora, partindo do presente e percorrendo suas histórias de infância e juventude, se entrega novamente ao repertório da memória, nunca movida por aspiração nostálgica, mas sempre com o objetivo de *rememorar* para *entender*. Goliarda inaugura a sua *Lettera aperta* dizendo:

Non è per importunarvi con una nuova storia né per fare esercizio di calligrafia [...] né per bisogno di verità [...] che mi decido a parlarvi di quello che non avendo capito mi pesa da quarant'anni sulle spalle. [...] ques-

ti quarant'anni, o meglio i primi venti anni di questi quarant'anni, a furia di volerli scientemente ignorare, si sono così ingarbugliati che non riesco a districarli, a fare ordine. [13]

Não é para importunar vocês com uma nova história, nem para fazer exercícios de caligrafia [...] nem por exigência de verdade [...] que resolvi falar daquilo que, por não ter entendido, me pesa há quarenta anos nas costas. [...] esses quarenta anos, ou, melhor dizendo, os primeiros vinte anos desses quarenta anos, à força de querê-los propositadamente ignorar, se tornaram tão embaralhados que não consigo desatá-los, pô-los em ordem.

De fato, já em *Ancestral*, Goliarda escrevia: «Subir de novo deves/ o rio do teu sangue/ até a fonte/ lá onde a morte/ tem posto os seus ovos/ Lá onde a água/ é cristalina/ agarra-te às rochas/ espalha a tua semente», sugerindo os percursos intertextuais necessários para a elaboração das suas narrativas.

O material poético é mantido vivo por meio de um processo contínuo de renovação e descoberta, com que a autora se surpreende a cada vez e que permite retornar

---

13   Goliarda Sapienza, *Lettera aperta*. Milão: Garzanti, 1967.

às próprias obsessões a fim de elaborá-las em outra perspectiva. Dizia Heidegger, falando sobre a poesia de Georg Trakl, que «todo grande poeta só poeta a partir de um único poema», e isso é o que poderíamos dizer também em relação à obra de Sapienza, que manipula incessantemente o seu poema sem nunca esgotá-lo ou de fato revelá-lo.[14]

Em *Lettera aperta* são retomadas numerosas imagens que aparecem em *Ancestral*, como, por exemplo, quando a autora escreve:

> *Il mare luceva trasparente e la luna gonfia come una donna ingravidata... («Poi va a partorire sulla vigna topi, conigli, scorpioni») ci guardava. «Sì, ci guarda ma non ci vede, ha due soldi sugli occhi per nascondere le piaghe»*

14 «Todo grande poeta só poeta a partir de um único poema. A grandeza se deixa medir pelo grau em que ele se fiar nesse único, a ponto de conseguir confinar o seu dizer poetante somente ali dentro. O poema de um poeta se mantém impronunciado. Nenhum dos poemas isolados, nem o seu conjunto diz tudo. Contudo, toda poesia fala de dentro do todo de um poema e toda vez o diz.» Martin Heidegger. *Unterwegs zur Sprache*. Frankfurt am Main: Vittorio Klostermann, 1985. A citação foi traduzida por Simone Homem de Mello.

O mar reluzia transparente e a lua inchada como uma mulher grávida... («Logo vai entre as vinhas parir ratos, coelhos, escorpiões») olhava para nós. «Sim, ela olha para nós mas não nos vê, tem duas moedas nos olhos para esconder as chagas»

Ou:

«*Non andare fra le viti nel filo di mezzogiorno: è l'ora che i corpi dei defunti, svuotati dalla carne, con la pelle fina come la cartavelina, appaiono fra la lava*»

«Não vá entre as vinhas no fio do meio-dia: nessa hora os corpos dos defuntos, esvaziados de sua carne, com pele fina como papel de seda, aparecem em meio à lava»

A Sicília é protagonista da coletânea e revela-se, para a autora, um grande amálgama de experiências sobrepostas: o retrato materno, as fotografias do pai em sua adolescência e juventude, o bombardeio de Catânia e seu cenário de morte, os defuntos que voltam depois de anos, a infância, as vielas da cidade (*vanedde*, como são chamadas em dialeto no poema «Para meu pai»), o vulcão e o mar. Todos esses são fragmentos de memória que a poeta saca aos poucos das profundezas, tornando-os matéria viva e não apenas imagens desfocadas, perdidas no passado.[15]

E por que *Ancestral*?

«Ancestral», do francês antigo *ancestre*, «antepassado» (via latim, *antecessor*), é algo que faz — mas que também não faz — parte do nosso mundo, que está detrás da nossa experiência, impondo a urgência do *sentir juntos*, do *viver juntos*, de olhar para a vida de um indivíduo como se olha para a vida de todos. Na poesia de Sapienza, ancestrais são as origens, a própria terra, os povos que habitaram essa terra, a imperfeição da língua, o mar da memória, os afetos, a infância. E são também o ódio, a guerra e a miséria; a fragilidade que nos deixa despidos e vulneráveis; a verdade do *sentir*, o prazer de *estar viva*.

Nessa trama fibrosa emerge a poética do que é cortante e agudo — na escolha do léxico e na construção das imagens —, onde facas, lâminas, vidros e objetos pontiagudos se espalham de forma intermitente por toda a obra.[16] Outro aspecto que vale ressaltar é a insistência no sentido da visão: imagens finamente elaboradas, quase sempre ameaçadoras, remetem à fisiologia dos olhos, à cegueira

---

15 «Lá onde o sangue coagula/ pelos nós traçados de penas/ e trama veias de lembranças coalhadas/ morde a vida.»

16 «Me matas mas meu rosto/ resistirá vidrado/ em teu olhar./ Cortante. Nas noites/ lacrimarão as pálpebras/ pregadas.»

e à luz.[17] A esses motivos se junta também a semântica do árido e do dessecado, que estabelece relação forte com a geografia *sicula* (sol intenso, terrenos baldios, vento e lava),[18] em que a linguagem aponta para o calor de uma paisagem conhecida, mas também para certa aspereza — cruel porque inevitável — da experiência no mundo.

A Sicília, o *antigo* e o *novo*

Nesta edição é apresentada também outra parte da poesia de Goliarda Sapienza: *Sicilianos*, coleção de dezessete poemas em dialeto siciliano publicada pela primeira vez em 2012[19] e logo depois integrada à edição italiana de *Ancestral*.

As composições se caracterizam por brevidade e singeleza, não sendo o resultado de erudição literária, mas de um registro de imagens simples e honesto; o dialeto é necessário para adentrar um campo da memória feito de percepções brutas que pedem uma linguagem igualmente imediata.

17 «Não posso fechar os olhos. Seu rosto/ ceifado na almofada me abacina.»
18 «Pesa-me o dia e o espelho/ furioso contra o sol/ me serra as pupilas resseca/ a garganta»; ou o verso «Feno ardido de sol o teu cabelo», que abre o poema «Pilù».
19 Goliarda Sapienza, *Siciliane*. Valverde (Catânia): Il Girasole Edizioni, 2012.

Com o uso dessa variante em sua poesia, Sapienza acentua também a veracidade dos laços afetivos: os primeiros três poemas de *Sicilianos* são respectivamente dedicados à mãe, ao pai e à Nica, irmã por parte de pai e amiga. O mar, como também os outros elementos naturais que caracterizam a sua paisagem de infância e adolescência, carrega em si duplicidade: um mar que alegra, mas que também faz naufragar.[20]

A relação com a Sicília se mantém em parte adormecida durante os primeiros anos em Roma, para depois aflorar novamente no começo da atividade poética com a redação de *Ancestral*. Indiscutível que a sua poesia se banhe dessa tradição, pela escolha do dialeto e de um italiano vívido, no qual se encontram regionalismos,

---

20 «O mar é negro/ nesta hora/ e eu não sei/ nadar.» são os últimos quatro versos do poema que começa «Não posso descer», da coleção *Sicilianos*. No primeiro capítulo de *Io, Jean Gabin* [Eu, Jean Gabin] (Turim: Einaudi, 2010), Goliarda escreve: «per me la donna è stata sempre il mare. Intendiamoci, non un mare delineato da un'elegante cornice dorata per fanatici del paesaggio, ma il mare segreto di vita, avventura magnifica o disperata, bara e culla» [«para mim a mulher sempre foi o mar. Quero dizer, não um mar delineado por uma elegante moldura dourada, para fanáticos por paisagem, mas o mar secreto da vida, aventura magnífica ou desesperada, caixão e berço»].

pelos temas tratados e, indubitavelmente, por seu cará-
ter teatral.

Aquela ilha, com seus templos gregos, mesquitas, ves-
tígios de cultura normanda, jardins floridos e arquitetura
barroca, instaura uma relação difícil com a poeta, relação
de muitas camadas, pois se por um lado a região se carac-
teriza por tendências marcadamente patriarcais e pelo
catolicismo — aspectos inconciliáveis com a educação e a
sensibilidade de Sapienza —, por outro carrega uma matriz
autêntica nas expressões enraizadas de arte e cultura: uma
ilha isola, mas também mantém intacto. A essa ambigui-
dade se acrescenta a história pessoal, não de pouco peso,
de uma autora que mergulha a vida inteira em ambientes
efervescentes que acolhem e integram o *novo*.

É importante ampliar um pouco o espectro e falar
sobre outras duas mulheres que nutrem a poesia e a arte
italianas e nas quais a Sicília deixou a sua marca can-
dente. A primeira é Jolanda Insana (1937-2016), mes-
sinense, outra grande voz poética da ilha. Mudando-se
para Roma, como também Sapienza, nunca trai o pacto
com as próprias origens, mantendo-as vivas na língua
e na corporeidade de sua poesia, que traz a textura de
algo não apenas escrito, mas esculpido.

Muitas, de fato, são as semelhanças entre Insana e
Sapienza: a sólida formação literária, a plasticidade da
escrita roubada ao teatro, o uso jamais banal da língua,

a matriz popular, e, enfim, a escolha de morar longe da Sicília sem nunca esquecê-la. Existem também aspectos análogos em seus textos: além do uso do dialeto e dos regionalismos que complementam um italiano de muitas variações, ambas se entregam à poesia para elaborar o luto materno[21] e para relatar a História: os bombardeios nas cidades sicilianas durante a Segunda

21 De Jolanda Insana, há de ser lembrado o poema «Più non riconcilierà Abele e Caino» de *La tagliola del disamore* (Milão: Garzanti, 2005), uma obra-prima da poesia italiana, em que Insana apresenta um retrato materno amorosamente traçado junto à crueza do luto: «più non riderà a bocca chiusa/ con gli occhi azzurrini stretti a fessura/ [...] non mi proteggerà più/ e più non si attarda in ciabatte sulla soglia/ quando sfrenato di voglia il cuore mi dice di andare/ [...] e più non strapperà dal culo ai mocciosi/ il verme solitario che li impuzzolentisce e sfiacca/ mangiandosi tutta la sostanza e lo scarso nutrimento/ degli anni perniciosi dell'anteguerra/ della guerra e del dopoguerra/ [...] più non parlerà/ e non ci sono tenaglie per tirare la lingua/ quando la morte vince e inghiotte la parola» [«já não rirá de boca fechada/ com os olhos azuis apertados numa fenda/ [...] já não me protegerá/ e já não se demora de chinelo na soleira/ quando desmedido de vontade o coração me diz vai/ [...] e já não arrancará da bunda dos moleques/ a tênia que os deixa fracos e fedendo/ comendo a substância toda e o escasso nutrimento/ dos anos perniciosos do pré-guerra/ da guerra e do pós-guerra/ [...] já não falará/ e não existem tenazes para sacar a língua/ quando a morte vence e engole a palavra»].

Guerra Mundial. No poema «Para Nica, morta no bombardeio de Catânia em abril de 1942», Sapienza descreve o caos impiedoso da guerra: os edifícios arrebentados, os cadáveres, o cheiro de fumaça e de chacina, o sangue e as lágrimas, lembrando-se também dos aviões que sobrevoam a cidade em formação de V, como pássaros reunidos em bandos.[22] Jolanda Insana em «U bummaddamentu» [O bombardeio] faz algo muito parecido: testemunhar a guerra, o medo e a fome, falando de pássaros (aviões ingleses e estadunidenses) que cagam bombas nas casas dos civis.[23]

A segunda é Emma Dante (1967), importante diretora de teatro que faz do dialeto uma verdadeira força cênica nas histórias de vida colecionadas de bairro em bairro — lembrando muito o que Goliarda faz em San Berillo e

---

22 «E não houve mais alvores ou crepúsculos/ só pássaros em bando com os peitos/ no fogo dos motores» são versos do poema «Para Nica, morta no bombardeio de Catânia em abril de 1942».

23 Em seu poema «O bombardeio» (*Satura di cartuscelle*. Roma: Giulio Perrone Editore, 2009), Insana escreve: «quannu i niri aceddi di 'ngrisi e 'mericani/ cacàvuno bummi supra i casi di cristiani/ chi non avìunu pani pi manciari/ acqua pi 'mbiviri/ occhi pi ciànciri» [«quando os negros pássaros de ingleses e americanos/ cagavam bombas sobre as casas dos cristãos/ que não tinham pão para comer/ água para beber/ olhos para chorar»].

entre as presidiárias de Rebibbia —,[24] mas também nos meandros da História e da tradição.[25] A obra de Emma Dante, apesar das muitas peregrinações e do sucesso internacional — também se forma na Academia de Arte Dramática de Roma e viaja o mundo com o seu teatro —, aponta sempre para a cidade natal: seu teatro nasce em Palermo e é a Palermo que afinal retorna.

24 Na década de 1980, Goliarda é denunciada por um furto de joias ocorrido na casa de uma amiga: é detida por alguns dias na prisão romana de Rebibbia. Remeto, portanto, à leitura de *L'università di Rebibbia* [A universidade de Rebibbia] (Milão: Rizzoli, 1983), em que se relata a experiência do cárcere. Diferentes são as razões do furto: em primeiro lugar a necessidade de dinheiro, mas também certo impulso que a leva a desafiar as convenções sociais e a estrutura burguesa, acrescido do desejo de conhecer o *outro lado* da realidade, o mais autêntico e urgente, com que já tivera contato nas ruas de sua cidade natal. Numa entrevista de *Filmstory*, programa televisivo do canal italiano Retequattro, de 1984, o jornalista Enzo Biagi questiona Goliarda Sapienza sobre a detenção: a autora responde que realmente queria *viver* a prisão e conta que em sua casa se costumava dizer «o próprio país se conhece conhecendo o cárcere, o hospital e o manicômio».

25 *Mpalermu* (2001), *Carnezzeria* (2002), *Vita Mia* (2004), *Cani di bancata* (2006), *Mishelle di Sant'Oliva* (2006), *Le pulle* (2009) e *Le sorelle Macaluso* (2014) são apenas algumas das muitas obras em que a diretora tece uma relação direta com a Sicília.

Difícil dizer o que há nessa Sicília magnética que estabelece uma relação de quase dependência em suas criaturas, mas é impossível não enxergar algum tipo de *sacralidade profana*, em que a relação com a língua e com a terra, aquela fértil das amoreiras e aquela áspera do Etna, está sempre em plena atividade, à escuta. E não existe apenas o teatro, mas a teatralidade, que veste todas as formas de arte e também a linguagem mais corriqueira. A Sicília, enfim, tem sido — e continua sendo — lugar de encontro, sedimentado no tempo como lugar de partidas e de chegadas, que faz da transformação a sua faísca.

O primeiro *grazie* vai a Caterina Stenta, que cerca de dez anos atrás, ao se despedir antes de uma viagem, me deixou um presente: era *L'arte della gioia*. Essa leitura fez estalar algo muito peculiar, um verdadeiro *colpo di fulmine*. Ao longo dos anos descobri que além de uma magnífica Goliarda prosadora existia, ainda desconhecida, a Goliarda poeta.

Gostaria de agradecer a Dirceu Villa, poeta, tradutor e professor, por sua grande generosidade: as longas (longuíssimas!) conversas sobre poesia e tradução, e a sua leitura atenta e honesta — do texto em português, bem como dos originais em italiano — constituem uma parte fundamental deste trabalho.

Obrigada a Viviana Lo Monaco por desvendar os mistérios de sua língua — Viviana me ajudou com os poemas de *Sicilianos* — e por me mostrar aspectos da Sicília que ainda não conhecia; obrigada às editoras e aos editores da revista *escamandro* por terem acolhido as primeiras traduções dos poemas de Goliarda Sapienza; obrigada a Danilo Hora pela dedicação sincera que demonstrou por esta tradução.

Agradeço também à equipe e aos professores da Casa Guilherme de Almeida que se dedicam ao Programa Formativo para Tradutores Literários por seu importante trabalho; obrigada a Simone Homem de Mello pela preciosa ajuda com o texto em alemão.

E por último, mas não menos importante, um *grazie* a Pedro Fonseca pelo entusiasmo e pela confiança.

Valentina Cantori

ANCESTRAL

ANCESTRALE

Assediati giochiamo ai dadi
assediati posiamo le armi
e aspettiamo
L'assedio finirà
giochiamo Aiace
l'assedio finirà

* L'uso della punteggiatura rispetta il manoscritto originale.

ANCESTRAL

Cercados jogamos os dados
cercados depomos as armas
e esperamos
O cerco terminará
joguemos Ájax
o cerco terminará

---

*   O uso da pontuação respeita o manuscrito original.

Separare congiungere
spargere all'aria
racchiudere nel pugno
trattenere
fra le labbra il sapore
dividere
i secondi dai minuti
discernere nel cadere
della sera
questa sera da ieri
da domani

Separar convergir
espargir no ar
encerrar no punho
reter
entre os lábios o sabor
dividir
os segundos dos minutos
discernir no cair
da noite
esta noite de ontem
de amanhã

A mia madre

Quando tornerò
sarà notte fonda
Quando tornerò
saranno mute le cose
Nessuno m'aspetterà
in quel letto di terra
Nessuno m'accoglierà
in quel silenzio di terra

Nessuno mi consolerà
per tutte le parti già morte
che porto in me
con rassegnata impotenza
Nessuno mi consolerà
per quegli attimi perduti
per quei suoni scordati
che da tempo
viaggiano al mio fianco e fanno denso
il respiro, melmosa la lingua

Para minha mãe

Quando eu voltar
será noite fechada
Quando eu voltar
as coisas estarão mudas
Ninguém me aguardará
naquele leito de terra
Ninguém me acolherá
naquele silêncio de terra

Ninguém me consolará
por todas as partes já mortas
que carrego em mim
com resignada impotência
Ninguém me consolará
pelos instantes perdidos
pelos sons esquecidos
que há tempo
viajam ao meu lado e tornam denso
o respiro, lamacenta a língua

Quando verrò
solo una fessura
basterà a contenermi e nessuna mano
spianerà la terra
sotto le guance gelide e nessuna
mano si opporrà alla fretta
della vanga al suo ritmo indifferente
per quella fine estranea, ripugnante

Potessi in quella notte
vuota posare la mia fronte
sul tuo seno grande di sempre
Potessi rivestirmi
del tuo braccio e tenendo
nelle mani il tuo polso affilato
da pensieri acuminati
da terrori taglienti
potessi in quella notte
risentire
il mio corpo lungo il tuo possente
materno
spossato da parti tremendi
schiantato da lunghi congiungimenti

ANCESTRAL

Quando eu chegar
só uma fenda
poderá me conter e mão nenhuma
aplanará a terra
sob as faces gélidas e mão
nenhuma irá se opor à pressa
da pá ao seu ritmo indiferente
para aquele fim estranho, repugnante

Pudesse naquela noite
vazia pôr a minha fronte
no teu seio grande de sempre
Pudesse envolver-me
com o teu braço e segurando
nas mãos o teu pulso delgado
por pensares agudos
por terrores cortantes
pudesse naquela noite
sentir de novo
o meu corpo ao lado do teu vigoroso
materno
esgotado de partos tremendos
estilhaçado de longas uniões

Ma troppo tarda
la mia notte e tu
non puoi aspettare oltre
E nessuno spianerà la terra
sotto il mio fianco
nessuno si opporrà alla fretta
che prende gli uomini
davanti a una bara

Mas tão tardia
a minha noite e já
não podes esperar
E ninguém aplanará a terra
sob o meu flanco
ninguém irá se opor à pressa
que agarra os homens
perante um caixão

Vedi non ho parole eppure resto
a te accanto. Non ho voce eppure
muovo le labbra. Non ho fiato eppure
vivo e ti guardo. E forse è questo
che volevo da te, muta restare
al tuo fianco ascoltando la tua voce
il tuo passo scandire le mie ore.

Vê não tenho palavras porém fico
do teu lado. Não tenho voz porém
movo os lábios. Não tenho ar porém
vivo e te olho. E talvez fosse isto
que eu quisesse de ti, ficar muda
do teu lado escutando a tua voz
o teu passo marcando as minhas horas.

È predisposto.
La tua vita
in riva al mare
la mia morte
in fondo al pozzo.
È predisposto,
la tavola apparecchiata
con vetri e con coltelli.
È predisposto
da tempo
il tuo tornare al mio
pozzo d'acqua piovana.

Está arranjado.
A tua vida
à beira-mar
a minha morte
no fundo do poço.
Está arranjado,
a mesa servida
com vidros e com facas.
Está arranjado
há tempo
o teu retorno ao meu
poço d'água pluvial.

Il monte il mare
i fiumi
del tuo ventre
le albe
della tua fronte
questo vorrei ritrovare

O monte o mar
os rios
do teu ventre
os alvores
da tua fronte
isso eu queria reencontrar

Non sottrarsi ma accoglierla
come piaga che risveglia
le vene a nuova sete.
Non tremare ma attenderla
supina. Non gridare
ma farsi ricoprire dal suo corpo
di pietra caldo di sole.

Não subtrair-se mas acolhê-la
como chaga que desperta
as veias à nova sede.
Não tremer mas esperá-la
deitada. Não gritar mas
deixar-se cobrir pelo seu corpo
de pedra cálido de sol.

Ascolta non c'è parola per questo
non c'è parola per seppellire una voce
già fredda nel suo sudario
di raso e gelsomino.

Escuta não há palavra para isso
não há palavra para sepultar uma voz
já fria em seu sudário
de seda e de jasmim.

I fiori crescono
pei morti.
Li annaffio la notte
con attenzione.
Li spio nell'alba
del tuo ricordo.

As flores crescem
para os mortos.
Rego-as à noite
com atenção.
Espio-as no alvor
da tua lembrança.

Se sapessi il tuo viso, se potessi
riconoscerti ancora forse saprei
ritrovare quel senso che mi muore

Sabendo o teu rosto, podendo ainda
te reconhecer talvez eu soubesse
retomar o sentido que me morre

Ancora un'ora due
poi l'abbraccio del tuo corpo materno
di terra
ancora un attimo due e poi il silenzio
delle tue mani dischiuse
ancora un sole due
il pulsare di stella delle tue vene poi
il silenzio dell'albero di corallo
senza memoria di onde
nel fondo del mare

Mais uma hora duas
logo o abraço do teu corpo materno
de terra
mais um instante dois e logo o silêncio
das tuas mãos descerradas
mais um sol dois
o pulsar de estrela das tuas veias logo
o silêncio da árvore-de-coral
sem memória de ondas
no fundo do mar

Non posso chiudere gli occhi. Abbacinata
dal suo viso falciato sul cuscino
fra l'alba e il giorno. M'ha svegliata. Devo
guardare
il ricadere della ghigliottina.

Não posso fechar os olhos. Seu rosto
ceifado na almofada me abacina
entre aurora e dia. Me acordou. Devo
mirar
este novo cair de guilhotina.

La Luna che s'ingravida del Monte
ride e chiama la lava i terremoti
l'amore e la violenza, nei crocicchi
dove i ciechi gli storpi e i sordomuti
cantano le novene a pagamento.

A Lua engravidando-se do Monte
aos risos chama a lava os terremotos
o amor e a fúria, nas encruzilhadas
onde o coxo o cego e o surdo-mudo
entoam as novenas por dinheiro.

Un giorno dubitai
e in piena luce
cominciai
a vedere l'albero
il pane
il coltello e la forbice
il legno
il rame.

Um dia duvidei
e comecei
a ver em plena luz
a árvore
o pão
a faca e a tesoura
a madeira
o cobre.

Non questo era previsto
lungo il muro che abbaglia
le mie ciglia
non questo sostare
fra pozza e pozza
fissando
la pupilla rugginosa del topo.

Nada disto era previsto
junto ao muro que ofusca
os meus cílios
não este demorar
entre poça e poça
fitando
a pupila ferruginosa do rato.

Non potrai più uscire.
L'ora è passata. La notte
ha chiuso i cancelli.
C'era il sole hai esitato.
Ora nel buio devi restare.

Já não poderás sair.
A hora passou. A noite
fechou seus portões.
Havia sol hesitaste.
Agora no escuro hás de ficar.

**Secondo una fotografia
di mio padre adolescente**

Era magro e bianco
taceva
Un giorno gridò rivolto al mare
Quel grido saldò le mie giunture
con odio incorruttibile
Ebbi fame

**A partir de uma fotografia
de meu pai adolescente**

Era magro e branco
calava
Um dia gritou voltado para o mar
Aquele grito soldou minhas junturas
com ódio incorruptível
Tive fome

Un altro giorno s'annega all'orizzonte
Il crisantemo del sole tra gli scogli
marcisce. Nei tuoi capelli
un'altra notte s'addensa nera di pioggia
Ti riga il collo
mi piange fra le dita

Outro dia se afoga no horizonte
O crisântemo do sol em meio às pedras
apodrece. Nos teus cabelos
outra noite se adensa negra de chuva
Risca-te o pescoço
chora-me entre os dedos

Ventre vuoto
bara senza fondo
notte d'agosto
grida le sue stelle.

Ventre vazio
caixão sem fundo
noite de agosto
grita suas estrelas.

Mi muore il giorno
e il gesto s'è perduto
fra il fumo e il lampadario
Un segno nero
già traccia intorno a me
cupo abbandono

Morre-me o dia
e o gesto se perdeu
entre a fumaça e o lampadário
Uma marca negra
já traça ao meu redor
turvo abandono

Sebbene l'odio oggi più che mai
non voglio perderlo. Mai.
E l'afferro per le caviglie e i polsi.
Non perderlo mai.

Apesar de odiá-lo hoje mais que nunca
não quero perdê-lo. Nunca.
E o agarro pelos tornozelos e pulsos.
Perdê-lo, nunca.

La luna tralcio a tralcio rotolava
sulla vigna tremante di paura
Partoriva conigli topi scorpioni
E noi stretti nascosti dietro il muro
la sentimmo guaire come un cane

A lua galho a galho deslizava
sobre a vinha tremendo de pavor
Paria coelhos ratos escorpiões
E atrás do muro juntos e escondidos
a ouvimos uivando como um cão

Ancora la memoria m'ha destata
la notte intorno a me giace in spirali
s'insinua fra i cuscini chiude gli specchi
con scialli neri. Lontano
il giorno tradisce.

ANCESTRAL

Ainda agora a memória me desperta
a noite em torno jaz em espirais
se insinua em travesseiros fecha espelhos
com xales negros. À distância
trai o dia.

A te che hai gli occhi
azzurri
e i gesti lenti
e ti guardi le mani e non mi vedi
non restarmi vicina
non cercare
dalla sabbia calore
con quel gesto
che i miei sensi rallenta
e il mio sangue
trascina
in tramortite nostalgie.

A ti que tens olhos
azuis
e gestos lentos
e olhas as tuas mãos e não me vês
não fiques perto
não procures
na areia calor
com aquele gesto
que os meus sentidos retarda
e o meu sangue
arrasta
em aturdidas nostalgias.

Ancora una volta
raggomitolata
fra le dune di sabbia
divoro il mio cadavere
per aspettare
il lucore che squarcia
l'utero del mare.

ANCESTRAL

Ainda uma vez
enrodilhada
entre as dunas de areia
devoro o meu cadáver
à espera
do fulgor que dilacera
o útero do mar.

Non sapevo che il buio
non è nero
che il giorno
non è bianco
che la luce
acceca
e il fermarsi è correre
ancora
di più

Não sabia que o escuro
não é negro
que o dia
não é branco
que a luz
cega
e que parar é correr
ainda
mais

Alle radici sabbiose
del Simeto
c'è un albero che si nutre
alle tempie venate della luna
Ai suoi rami s'impiccano ogni notte
le vedove coi bambini

Junto às raízes arenosas
do Simeto
há uma árvore que se nutre
das têmporas veiadas da lua
Em seus ramos se enforcam cada noite
as viúvas com seus filhos

Non ho potuto e in piedi
sono rimasta. Difficile
è cadere.

Não pude e em pé
fiquei. Difícil
é cair.

La paura ha una faccia grande di luna
e due soldi per occhi. Se mentre dormi
ti guarda sei perduta
senza figli vivrai e morirai
disprezzata da tutti senza lenzuola.

O medo tem uma grande cara de lua
e duas moedas por olhos. Se te olha
ao dormir, estás perdida
sem filhos viverás e morrerás
desprezada por todos sem lençóis.

Cosa aspetti sull'uscio
della mia casa? È l'alba
sono sola
e ho paura
Cosa cerchi nel vuoto
delle mie stanze?
Sono sola
e gli specchi ho rivoltato.

ANCESTRAL

O que esperas no umbral
da minha casa? Amanheceu
estou sozinha
e tenho medo
O que buscas no vazio
dos meus quartos?
Estou sozinha
e virei os espelhos todos.

Un'ombra cade ansante sui cuscini
I tuoi capelli disciolgono un buio
intorno alle tue spalle
Già la tua vita
si perde nella notte del divano

Na almofada cai arfante uma sombra
Os teus cabelos dissolvem um breu
em torno dos teus ombros
A tua vida
já se perde na noite do sofá

Ora giochiamo
alle belle statuine
a coppie, soli
piegati sul bastone
le mani sotto il seno
seguendo lo scavare
della formica
fissata
dall'occhio cieco del sole

Vamos brincar
agora de estátua
em duplas, a sós
apoiados no bastão
as mãos sob o seio
seguindo o escavar
da formiga
fitada
pelo olho cego do sol

È vero non abbiamo
molte cose da fare.
Tu stiri il lenzuolo
sul materasso. Con la mano spiani
ogni grinza. Io verso l'acqua
del bicchiere
sui gerani bruciati del balcone. È vero
non ci sono
molte strade da imboccare
morti da scegliere.
Non c'è che tirare
la moneta e guardare
testa o croce.

É verdade, não temos
muito o que fazer.
Esticas o lençol
no colchão. Com a mão aplanas
cada dobra. Derramo a água
do copo
nos gerânios queimados da varanda.
É verdade, não há
muitos caminhos a seguir
mortos a escolher.
Não resta senão atirar
a moeda e olhar
cara ou coroa.

Ti lascerò andare
solo quando
vedrò le tue mani
mozzate nel mio grembo

Te deixarei ir
apenas quando
vir tuas mãos
decepadas no meu colo

Voglio ricordare. Ma ho paura
di smarrire nel nero dei capelli
di un sonno prolungato
qualche accento
della tua voce di ieri. Ho paura
di svegliarmi col sole che scantona
dietro l'angolo buio della casa.

Quero recordar-me. Mas tenho medo
de perder na escureza dos cabelos
de um sono prolongado
algum sinal
da tua voz de ontem. Tenho medo
de despertar com o sol que se furta
atrás da esquina sombria da casa.

Si schiudono le porte
senza rumore
Si staccano i tuoi passi
dal mio fianco
senza rumore
resto sola a fissare
il mio viso riverso nel mio grembo

Descerram-se as portas
sem rumor
Despregam-se os teus passos
do meu flanco
sem rumor
fico sozinha fitando
o meu rosto derramado no meu colo

Distacco

La piazza spalancata sul silenzio
della notte tremò di un volo d'ala.
Il tuo profilo si chiuse bianco di pietra.

Distanciamento

A praça escancarada no silêncio
da noite tremeu de um voo de asa.
O teu perfil se fechou branco de pedra.

È compiuto. È concluso. È terminato.
È consumato l'incendio. S'è fermato.
S'è chiuso il cerchio pietrificato.
Il tempo s'è fermato. È consumato
il delitto. S'è bruciato
il ricordo. L'ansia è cessata.
Una coltre di lava ha sigillato
ogni cranio ogni orbita svuotata.
Ogni bocca nel grido ha sigillato.

S'è chiuso il cerchio. Niente osa varcare
il silenzio di lava. Le formiche
girano intorno al rogo spento impazzite.

Cumpriu-se. Concluiu-se. Terminou-se.
Consumiu-se o incêndio. Findou-se.
Fechou-se o círculo petrificado.
Findou-se o tempo. Consumiu-se
o delito. Queimou-se
a lembrança. Cessou a angústia.
Um manto de lava interditou
todo crânio toda órbita esvaziada.
Toda boca no grito interditou.

Fechou-se o círculo. Nada ousa singrar
o silêncio de lava. As formigas
rodeiam o fogo extinto enlouquecidas.

Contemplando i tuoi tratti mi trovai
che il sole era calato e la luna
a una fossa dischiusa piano accennava.

Contemplando os teus traços percebi
que o sol havia se posto e a lua
a uma fossa entreaberta leve acenava.

Un'altra notte ritorna un'altra attesa
serpeggia fra il canneto. Nel mio letto
non voglio ritornare, so che la luna
ti ruba mentre dormi la freschezza
poi ti spolpa le carni e con le ossa
s'infila due pendenti e una collana.

Outra noite retorna outra espera
serpeia entre os juncos. À minha cama
não quero voltar, sei que a lua enquanto
dormes te rouba o frescor, logo retira
a polpa da tua carne e com os ossos
veste dois pingentes e um colar.

Un traguardo di morte all'altro capo
della strada invisibile t'attende
fra l'insegna del bar e il cartolaio.
Se potessi fermare la tua corsa
per le braccia tenerti, col mio corpo
fare schermo al tuo andare affascinato.

Horizonte de morte noutra ponta
da rua invisível te espera junto
à placa do bar e à papelaria.
Se pudesse parar a tua corrida
pelos braços te reter, com meu corpo
proteger o teu passo fascinado.

Un volo e in un attimo la stanza
fu colma d'un sentore acre d'estate.
La tua voce si spense con la luce
che moriva nel nero del fogliame.
Un fiato caldo alitava ci cingeva
e restammo supine ad aspettare.

ANCESTRAL

Um voo e num instante o quarto
encheu-se do aroma acre de verão.
A tua voz apagou-se com a luz
que morria no escuro da folhagem.
Um sopro quente alentava nos cingia
e deitadas ficamos a esperar.

Quante volte richiuso
l'uscio alle mie spalle
rigirata la chiave una due volte
ho aspettato, la fronte
sul legno della tua assenza

Quantas vezes fechada
a porta às minhas costas
girada a chave uma duas vezes
aguardei, a fronte
na madeira da tua ausência

M'uccidi ma il mio viso
ti resterà invetrato
nello sguardo.
Tagliente. Nelle notti
lacrimeranno le palpebre
inchiodate.

Me matas mas meu rosto
resistirá vidrado
em teu olhar.
Cortante. Nas noites
lacrimarão as pálpebras
pregadas.

Là dove il sangue s'aggruma
in nodi cartacei di pene
e trama vene di ricordi quagliati
morde la vita

ANCESTRAL

Lá onde o sangue coagula
pelos nós traçados de penas
e trama veias de lembranças coalhadas
morde a vida

**A Nica morta nel bombardamento
di Catania dell'aprile 1942**

E non ci furono più giorni né notti
solo un liso sudario, sbigottire
della luce schiacciata contro i muri
rari muri come denti cariati
fra le labbra convulse della terra.

E non ci furono più albe o tramonti
solo uccelli sciallati con mammelle
nel fuoco dei motori.

E non ci furono più alberi, ombre
né vecchi né carusi né picciotti
solo corpi snudati senza testa
fra la pioggia di cenere e di grida.

E non ci furono più strade, palazzi
solo piazze, deserti, dune fumanti
fosse chiuse sui vivi e sui morenti.

**Para Nica, morta no bombardeio
de Catânia em abril de 1942**

E não houve mais dias nem noites,
só um gasto sudário, espantar
de uma luz esmagada contra os muros
raros muros como dentes cariados
entre os lábios convulsos dessa terra.

E não houve mais alvores ou crepúsculos
só pássaros em bando com os peitos
no fogo dos motores.

E não houve mais árvores, sombras
nem velhos nem moleques nem pirralhos
só corpos despidos sem cabeça
entre a chuva de cinzas e de gritos.

E não houve mais ruas, edifícios
só praças, desertos, dunas que ardem
covas que cobrem os vivos e os que morrem.

E si videro topi inferociti
mordicchiare frenetici le mani
d'un soldato seduto addormentato
contro il palo divelto del lampione
che un tempo tu giravi
per entrare nel basso profumato
di minestra bollente e di liscivia.
Ti turbava l'odore di quel basso
mi dicesti sommessa dietro il banco
non sapevi quell'altro dolce di sangue
che travolse i tuoi sensi quella sera
quell'odore di fumo e calcinaccio
quell'odore di carne macellata
che t'uccise ancor prima dello schianto
che vibrò per i muri e il cortile.

C'inseguiva l'urlo dissennato
di sirena d'allarme, senza tregua
c'incitava a fuggire. Non ti vidi
varcare quella soglia, solo il moto
danzante delle trecce sulle spalle
tue esili e il balenio
dei quaderni sbattuti sul selciato.

E viram-se ratos enfurecidos
mordiscando frenéticos as mãos
de um soldado dormindo sentado
junto do poste de luz já derruído
onde antes tu viravas
para entrar no cortiço perfumado
de sopa fervente e de lixívia.
Perturbava-te o cheiro do cortiço
me disseste mansamente do balcão
não sabias aquele doce do sangue
que revolveu teus sentidos nessa noite
o cheiro de fumaça e de cal seca
o cheiro de carne chacinada
que te matou mesmo antes do impacto
que vibrou pelas paredes e o quintal.

Nos perseguia o grito alucinado
da sirene do alarme, sem sossego
nos incitava a fugir. Não te vi
cruzar aquela porta, só o mover
dançante de tuas tranças nos ombros
teus esguios e a faísca
dos cadernos lançados nos cascalhos.

E non ci furono più giorni né notti
né voci né silenzi, solo il latrare
di cani e di motori
fra l'accendersi d'odio dei bengala.

E nel lucore oscillante di quell'ira
si videro donne mute scarmigliate
con le palpebre enfiate senza ciglia
avanzare tenendosi per mano.
Caldo sangue scorreva sulle guance
calde lacrime rosse tatuate.

E não houve mais dias nem noites
nem vozes nem silêncios, só o ladrar
dos cães e dos motores
no acender-se de ódio dos foguetes.

E no fulgor oscilante daquela ira
viram-se mulheres mudas desgrenhadas
com pálpebras túmidas sem cílios
avançarem segurando-se nas mãos.
Quente sangue escorria pelas faces
quentes lágrimas vermelhas tatuadas.

Un passo dopo l'altro
una sequela
di gesti non compiuti
un ritornare
agli stessi crocicchi della notte.
Il solito aspettare alla fermata
martellati dal fuoco del lampione.
Senza presentimenti
giro nel vuoto
di ricordi murati a calce viva.
Verrà a me non può mancare
verrà sotto il lampione ad aspettare.

Um passo atrás do outro
uma sequência
de gestos não cumpridos
um retorno
aos mesmos cruzamentos toda noite.
A espera habitual naquele ponto
martelados na luz do poste elétrico.
Sem pressentimentos
dou voltas no vazio
de lembranças muradas em cal viva.
Virá a mim não pode faltar
virá junto ao poste para esperar.

Dietro di noi la notte schiude
i suoi fiori carnivori. Sabbia di sole
ci sbatte ci sospinge verso il muto
traguardo del delitto.

Atrás de nós a noite descerra
suas flores carnívoras. Areia de sol
nos sacode nos incita rumo à muda
meta do delito.

Tu mi volgi le spalle
io non ti chiamo
raccolgo
le tue impronte sul lenzuolo.

Me dás as costas
não te chamo
recolho
as tuas digitais no lençol.

Ti vidi ridere sola
nella notte. Sgusciare
dalla tela ruvida
le mandorle del seno.
Si ruppero le stelle
mentre la luna pregna deformata
sbirciava tra le barche
bisbigliando
dissennati rancori, lamentele.

Te vi rir sozinha
à noite. Deslizar
do tecido áspero
as amêndoas do seio.
Romperam-se as estrelas
enquanto a lua prenhe deformada
espreitava entre os barcos
murmurando
desatinados rancores, lamúrias.

Desiderio perduto
pace di pietra
ti ritrovo alla svolta del muro
sotto l'ombra del fico
velenosa

Desejo perdido
paz de pedra
te reencontro depois da esquina
sob a sombra venenosa
da figueira

La morte ti ha vinto
M'hai tradito
Hai voluto toccare
le sue braccia di smalto
Fissare
i suoi occhi di corallo
Rattrappito
sei caduto nel mezzo della stanza
con i piedi alla porta spalancata

A morte te venceu
Me traíste
Quiseste tocar
aqueles braços de esmalte
Fitar
aqueles olhos de coral
Caíste
encolhido no meio do teu quarto
com os pés para a porta escancarada

La mia porta è segnata
sento i passi
dell'uomo scivolare lungo il muro

A minha porta está marcada
ouço os passos
do homem deslizando na parede

Mi volsi e nella notte
vidi la luna
fissarmi con la testa arrovesciata
Da lei seppi che i morti
hanno sete
nelle notti affocate quando il cielo
è basso e suda cenere e scorpioni

Voltei-me e de noite
vi a lua
me olhando de cabeça revirada
Por ela soube que os mortos
são sedentos
nas noites abrasadas quando o céu
é baixo e sua cinzas e escorpiões

Non ricordo l'inizio del discorso
ricordo che improvviso il temporale
confuse le tue ciglia i miei pensieri

Não me lembro do início da conversa
lembro que de repente o temporal
confundiu teus cílios e meu pensar

Non andare rimani
l'aria si gela intorno
alle mie mani
S'incrinano gli specchi
Nei tuoi occhi
l'azzurro ha vuoti
d'acciaio. Alle tue spalle
un'altra attesa spalanca i corridoi.
E non ho forza
di percorrerli ancora
non ho forza
di strisciare carponi
lungo i muri.

ANCESTRAL

Não te vás demora
o ar congela agora
em minhas mãos
Racham os espelhos
Nos teus olhos
o azul tem vazios
de aço. Às tuas costas
outra espera escancara os corredores.
E já não tenho força
para percorrê-los
não tenho força
para arrastar-me de joelhos
pelos muros.

Non scherzare di notte fuori dall'uscio
il vento di scirocco porta profumo
di zagara e di mosto, fa cadere
le ragazze ferendole alle cosce.
E il sentore di mosto spiaccicato
sulle carni richiama cento cani
Cento cani ti mordono se cadi
e una cagna sarai sola additata.

Não brinques à noite fora do portão
o siroco traz perfume de mosto
e de flor de laranjeira, derruba
as garotas ferindo-as nas coxas.
E aquele cheiro de mosto esmagado
sobre a carne junta em torno cem cães
Cem cães que te mordem enquanto cais
e uma cadela serás, só e exposta.

L'estate andiamo
in riva al mare
Restiamo in fila
sul fiato teso della rena
L'inverno in giro
pei vicoli a cercare
le lumache scalzate dalla pioggia.

No verão vamos
à beira-mar
Ficamos em fila
no fôlego tenso da areia
O inverno dá voltas
pelos becos à procura
de lesmas desterradas pela chuva.

Come potrò resistere alla notte
che già serra i gerani le mie mani
Come potrò resistere al suo fiato
narcotico di ciclamino.

Como poderei resistir à noite
que aperta os gerânios as minhas mãos
Como poderei resistir ao sopro
narcótico de ciclame.

Al delitto avvinghiata
vaga la luna
dalla notte del Monte
al mare squassato
fra gli scogli in attesa
di una morte.

No delito emaranhada
vagueia a lua
da noite do Monte
ao mar revolto
entre as rochas à espera
de uma morte.

Guardati dal ferro
il piombo il rame
Non puoi
convertire la notte
Il giorno cresce solo

Foge do ferro
o chumbo o cobre
Não podes
converter a noite
O dia cresce só

Scavo fra le tue labbra
con le dita
e trovo acqua farina
il sale

ANCESTRAL

Escavo entre os teus lábios
com os dedos
e encontro água farinha
o sal

Cadendo sulla soglia della tua porta
in ginocchio rimasi
coi polsi recisi

Tombando na soleira da tua porta
de joelhos fiquei
com os pulsos cortados

Abbiamo un termine
per restare
davanti a questa
finestra
senza guardare
Ancora un'ora due
poi il bisturi del giorno
sezionatore

Temos um prazo
para ficar
diante desta
janela
sem olhar
Mais uma hora duas
logo o bisturi do dia
seccionador

Porto in me morta una pena
e puntuale il sole morde
la calce lungo il muro
E puntuale
la lucertola torna alla mia soglia

Trago em mim morta uma dor
e pontual o sol morde
a cal por todo o muro
E pontual
o lagarto volta ao meu umbral

Finirò di fuggire solo quando
ti vedrò fermo le palpebre bendate
nel cerchio della lampada
rivelatrice

Deixarei de fugir apenas quando
te vir imóvel as pálpebras vendadas
no círculo da lâmpada
reveladora

Serrare i pugni
alla bocca
per non dire
Serrare i pugni
sugli occhi
per non vedere
Buttarsi
in terra e scavare
in silenzio

Cerrar os punhos
na boca
para não dizer
Cerrar os punhos
sobre os olhos
para não ver
Jogar-se
na terra e escavar
em silêncio

Col fuoco e l'antimonio
dissuggello
dal veleno del ferro
l'argento
inalterato della tua pupilla

ANCESTRAL

Com fogo e antimônio
desvendo
do veneno do ferro
a prata
inalterada da tua pupila

**Secondo una fotografia
di mio padre giovane**

Voglio un figlio
da te che mi sei padre
Con le sue mani
il coperchio della bara
inchioderò sul tuo corpo vivo

**A partir de uma fotografia
de meu pai jovem**

Quero um filho
de ti que és meu pai
Com aquelas mãos
a tampa do caixão
pregarei no teu corpo vivo

La muffa del silenzio germina ombre
fra i tuoi e i miei capelli.
Schiude i tuoi polsi
al buio delle mie palme. Alla finestra
la notte gira su cardini di stelle.

ANCESTRAL

O mofo do silêncio germina sombras
entre o teu cabelo e o meu.
Descerra os teus pulsos
no escuro das minhas palmas. Na janela
a noite gira em eixos de estrelas.

Insonne la gardenia distillava
nel palmo della notte il suo veleno
mentre il cielo piangeva le sue stelle
e la luna contava i moribondi

Insone a gardênia destilava
na palma da noite o seu veneno
enquanto o céu chorava suas estrelas
e a lua contava os moribundos

Risalire devi il fiume
del tuo sangue
fino alla fonte
là dove la morte
ha deposto le sue uova
Là dove l'acqua
è trasparente
afferrati alle rocce
spargi il tuo seme

ANCESTRAL

Subir de novo deves
o rio do teu sangue
até a fonte
lá onde a morte
tem posto os seus ovos
Lá onde a água
é cristalina
agarra-te às rochas
espalha a tua semente

Scialli neri parati contro il sole
precipitano il delitto. Un lutto stretto
avvolge i tetti il mare. I topi
assetati attendono il segnale, la risacca
col suo bottino d'alghe
cadaveri conchiglie.

Xales pretos fixados contra o sol
precipitam o delito. Um luto estreito
envolve os telhados o mar. Os ratos
sedentos esperam o sinal, a ressaca
com seu espólio de algas
cadáveres conchas.

Pioggia d'odio dal cielo
cade sui prati e secca
l'erbe le mani arde i capelli acceca
l'uomo che attento alto fissava quel
volo d'ali.

Grandina odio sui tetti
scardina i muri
sega i tendini in corsa del cavallo
che stramazza fumante sul selciato.

Chuva de ódio do céu
cai nos gramados e resseca
a relva as mãos arde o cabelo cega
o homem que atento alto fitava esse
voo de asas.

Granizo de ódio nos telhados
arrebenta os muros
serra os tendões no trote do cavalo
que tomba fumegante nos cascalhos.

Aggeo

Hai guardato negli occhi la medusa
Questo ha ricoperto
il tuo viso di un sonno di gesso

Ageu

Olhaste nos olhos a medusa
Isso recobriu
o teu rosto de um sono de gesso

Aggeo 2

Il tempo vela gli specchi. La tua fronte
ha incrinature polverose. Regna
un silenzio che lega le tue mani.
Alle tue spalle
dall'alba l'orologio segna
le quattro.

Ageu 2

O tempo vela os espelhos. A tua fronte
tem frestas empoeiradas. Impera
um silêncio que amarra as tuas mãos.
Às tuas costas
da alvorada o relógio aponta
as quatro.

Franca

Chi sarà che ti chiama
lungo le dune lameggianti nel sole
mentre il mare ti annoda le caviglie
con bianca saliva

Franca

Quem será que te chama
pelas dunas reluzentes sob o sol
enquanto o mar te amarra os tornozelos
com branca saliva

Letizia

Una pena murata nel tuo petto
ti nega al giorno ti chiude in una sequela
di gesti attenti gelati. T'allontana
da me che presa dal tuo bianco
fermento aspetto con le palme arrovesciate.

Letizia

Uma pena emparedada em teu peito
te nega ao dia te fecha numa sequência
de gestos atentos gélidos. E te afasta
de mim que tomada por tua branca
fervura espero com as palmas para cima.

Nica a undici anni dalla sua morte

Posso rievocare il tuo sorriso
i tuoi tratti accostati al mio respiro
la tua voce smorzata
dall'onda del mare
posso rievocare
la tua figura nel filo di mezzogiorno
fra le viti. Eppure temo
guardarti ora che taci
accanto a me raccolta
dal tuo silenzio.

Nica nos onze anos de sua morte

Posso evocar o teu sorriso
os teus traços rentes ao meu sopro
a tua voz amortecida
pela onda do mar
posso evocar
a tua figura no fio do meio-dia
entre as vinhas. Porém temo
olhar-te agora que te calas
recolhida ao meu lado
em teu silêncio.

Piera

Perché taci nell'ora
che commuove l'erba. Chi ascolti
nascosta nel divano.
Lento il torpore
del sangue sento
sfuggirti nel gesto smarrito
dal calore che lievita
dal fogliame e i ginocchi
magri ti slega.

Piera

Por que te calas na hora
que comove a relva. A quem ouves
escondida no sofá.
Lento o torpor
do sangue sinto
fugir-te no gesto perdido
do calor que fermenta
da folhagem e que os joelhos
magros te solta.

Pilù

Fieno arso dal sole i tuoi capelli
assediano con fuochi di rame il lago
d'ombra delle tue occhiaie. Non tremare.
La pioggia non può tardare.

Pilù

Feno ardido de sol o teu cabelo
assedia com fogos de cobre o lago
de sombra das tuas olheiras. Sem tremer.
A chuva não pode se deter.

Pilù 2

Ti ha toccata
l'ombra
ti ha rubato
le efelidi
Ci vorrà
tutta un'estate
per farle tornare

Pilù 2

Te tocou
a sombra
te roubou
as sardas
Levará
todo um verão
fazê-las voltar

A T. M.

Quando fu che incontrasti
il tuo dolore e imparasti
a vedere che ogni donna
lo tiene ripiegato contro il seno.

Quando fu che improvviso
faccia a faccia il suo viso
sfrangiato ti si oppose
e fissasti i suoi occhi di corallo.

Fu scrutando la fronte
tra le sbarre nell'ombra
ristagnante nel cortile.
O nei segni di gesso
del percorso inventato
pel gioco sotto casa
insoluto tracciato
di rincorse snodato
nella sera.

Para T. M.

Quando foi que encontraste
a tua dor e aprendeste
a ver que cada mulher
a mantém dobrada contra o seio.

Quando foi que de repente
esse rosto frente a frente
esfiapado se te opôs
e fitaste aqueles olhos de coral.

Foi perscrutando a fronte
entre as grades na sombra
estagnada no pátio.
Ou nas marcas de giz
do percurso inventado
brincando lá fora
insolúvel traçado
de impulsos tomados
quando é noite.

O nel muto cadere
della palla sull'erba
nera di pioggia.

Come fu che imparasti a trasmutare
quel dolore di donna che le membra
contorce in quel bianco calore
che dal seno
alle spalle ti commuove.

Tu cancelli il tremore delle labbra
con lacche rosse con risa ma nei silenzi
lo si sente gridare nelle dita
di quei rami protesi
contro i muri notturni che tu ami
nelle lame sferrate nel fogliame
lame aguzze di neon che le tue mani
brevi mani agitate di ragazzo
tagliano
ma tu neghi il dolore con merletti
e mi guardi negli occhi dove l'asfalto
si scompone in un cielo
nero di pece.

Ou no mudo cair
da bola na grama
negra de chuva.

Como foi que aprendeste a transmutar
aquela dor de mulher que os membros
contorce naquele branco calor
que do seio
às costas te comove.

Apagas o tremor dos lábios
com laca vermelha com risos mas nos silêncios
pode-se ouvi-lo gritar entre os dedos
daqueles ramos estirados
contra os muros noturnos que amas
nas facas desferidas entre as folhas
facas finas de neon que as tuas mãos
breves mãos agitadas de garoto
cortam
contudo negas a dor com rendas
e me olhas nos olhos onde o asfalto
se desmancha num céu
negro de piche.

Aperture fugaci
su tramonti per viali
inquinati dalla notte
ridicono di pianti
smarrimenti, mentre
ferma mi guardi
e ti nascondi. E se
attenta mi chino
sul tuo viso tu
scrolli i capelli sulla fronte
per celare al mio amore il tuo spavento.

Aberturas fugazes
no entardecer das ruas
poluídas pela noite
recontam de prantos
perdas, enquanto
parada me olhas
e te escondes. E se
atenta me inclino
ao teu rosto
soltas o cabelo sobre a fronte
para ocultar do meu amor o teu assombro.

Tonello

Tu cerchi di fermare
il moto dell'acqua
vuoi mutare
il latte delle regole in rocce
e non sai
che il tuo consistere
è un fondersi costante di mercurio
sospeso sul nero d'un fosso.

Tonello

Tentas reter
o movimento da água
queres mudar
o leite das regras em rochas
e não sabes
que o teu consistir
é um derreter-se constante de mercúrio
suspenso no negro de um fosso.

Oggetti d'ombra le tue occhiaie
brinate dalla sera in agguato
le tue mani agitate dal lutto della notte

Dalla cima del tuo grido
ora dovrai discendere in quest'albore
di vetri vagare

Chi segui? Chi ti chiama? Non ascoltare
il grido del tramonto sfracellato
nell'ombra del cortile
il cerchio del tuo gesto
nella sabbia devi tracciare

Nell'ombra del tuo petto accartocciato
il verme scava fra i tendini le vene
si nutre del tuo sangue
della saliva si abbevera

Innestato allo scheletro quel pianto
scordato
ramifica fra i tendini, le vene
raggelando il tuo gesto il tuo calore.

ANCESTRAL

Objetos de sombra as tuas olheiras
geadas pela noite à espreita
tuas mãos agitadas pelo luto noturno

Do topo do teu grito
agora terás de descer neste alvor
de vidros vaguear

A quem persegues? Quem te chama? Não escutes
o grito do entardecer estilhaçado
na sombra do quintal
o círculo do teu gesto
deves traçar na areia

Na sombra do teu peito amarrotado
o verme escava entre os tendões as veias
nutre-se do teu sangue
da saliva se alimenta

Enxertado no esqueleto aquele pranto
esquecido
ramifica entre os tendões, as veias
enregela o teu gesto o teu calor.

Messaggio

All'alba sono entrati
in due dalle imposte socchiuse
hanno posato sul tavolo una pietra
una scatola chiusa un pezzo di pane.

Mensagem

Na alvorada entraram
em par pela janela entreaberta
colocaram na mesa uma pedra
uma caixa fechada um pedaço de pão.

A Montale giovane

Lo so dovrò riperderti ma lascia ancora
il mio viso affondare nel tuo grembo.

Para Montale jovem

Eu sei outra vez devo perder-te mas deixa
que o meu rosto ainda afunde no teu colo.

All'alba mi sono ritrovata
col tuo viso di ieri fra le mani
decapitato
dal sole sanguinante

ANCESTRAL

Na alvorada me encontrei
com o teu rosto de ontem nas mãos
decapitado
pelo sol sangrento

Avvertimento

Cercherò di infilzarti alla mia morte
In questa stanza sbarrata
da tende di carta che dilatano
il sole in un'alba di ghiaccio
In quest'alba abbagliata dai ricordi
infilzerò le tue dita nelle mie palme

Advertência

Intentarei cravar-te em minha morte
Neste quarto confinado
por cortinas de papel que dilatam
o sol num alvor de gelo
Neste alvor deslumbrado de lembranças
cravarei os teus dedos nas minhas palmas

C'è una partita
Fra me e lui
Aperta
Domani si vedrà
A mezzogiorno
Se la sua morte o la mia
Murerà il riquadro
Della finestra

ANCESTRAL

Existe uma partida
Entre mim e ele
Inacabada
Amanhã veremos
Ao meio-dia
Se a sua morte ou a minha
Murará os batentes
Da janela

Infanzia

Era l'estate. La tua vita
sottile mi sfuggiva
dalle mani impacciate dalla vernice
nera della cintura.

Infância

Era verão. A tua cintura
sutil me escapava
das mãos atrapalhadas pelo verniz
preto do cinto.

Infanzia 2

Senza sospetto corri sotto il sole
senza sospetto il ventre appesantito
dal serpe del tuo sangue. Spaccati
i seni dal primo aprirsi al sudore
della maglietta di filo bianco
di scozia. Corri e non sai
che questa notte la luna accovacciata
sul balcone spierà il tuo assopirti
e senza parere ti sfilerà l'infanzia
da sotto il cuscino.

Infância 2

Sem suspeita corres sob o sol
sem suspeita esse ventre carregado
da serpente do teu sangue. Partidos
os seios no primeiro abrir-se ao suor
da camiseta de fio branco
de escócia. Corres e não sabes
que nesta noite a lua enrodilhada
na varanda espiará o teu torpor
e sem pedir te roubará a infância
de sob o travesseiro.

Fare disfare ancora rifare
questo filo di luce attorcigliato
nel nodo di fuoco
che chiamiamo sole

Fazer desfazer refazer de novo
este fio de luz emaranhado
ao nó de fogo
que chamamos sol

È primavera. La talpa
è morta di vecchiaia
in mezzo al cortile
Coleotteri e larve
di datteri si nutrono
ridono piano accettano
il suo corpo
ricco di umori.

É primavera. A toupeira
morreu de velhice
no meio do quintal
Besouros e larvas
de tâmaras se nutrem
riem de leve aceitam
esse corpo
rico de humores.

Ho camminato sul ciglio
dei miei sogni. Sbattuta
dall'onda nera delle tue occhiaie
Risucchiata
dal gorgo del tuo fiato
Non posso tornare.

Tenho andado à beira
dos meus sonhos. Sacudida
pela onda negra das tuas olheiras
Sugada
pelo remoinho do teu fôlego
Não posso voltar.

Ho mangiato senza sale né pane.
Senza sale il limone tagliato
nel piatto d'alluminio
prestato dalla vicina.

Tenho comido sem sal nem pão.
Sem sal o limão cortado
no prato de alumínio
emprestado da vizinha.

Ho forzato il tuo sguardo e ora sento
che sfuggire non posso il tuo silenzio
Ora non posso altro che affondare
nel buio delle tue palme spalancate

Forcei o teu olhar e agora sinto
que escapar não posso ao teu silêncio
Nada posso agora senão afundar
no escuro das tuas palmas escancaradas

Un'altra fiaba

I corpi disseccati dei defunti
s'aggirano intorno a noi. Nelle sere
ci camminano a fianco per la strada
si piegano su noi quando leggiamo
ci guardano da lontano se parliamo
con l'amica, sedute fuori dall'uscio.
Hai paura del loro
sguardo d'un tempo?
Anch'io ho paura ma temo
anche di respirare nel sonno
per non disperdere
all'aria la carta velina dei loro
visi intenti al nostro sostare
fra l'alba e il giorno di questa
ora carnale.

Outro conto de fadas

Os corpos dessecados dos defuntos
se movem ao nosso entorno. Nas noites
andam ao nosso lado pela rua
debruçam-se sobre nós enquanto lemos
observam-nos de longe se falamos
com a amiga, sentadas no portão.
Tens medo de seu
olhar de outrora?
Também eu tenho medo mas temo
também respirar no sono
para não dispersar
no ar o papel de seda de seus
rostos absortos na nossa demora
entre a alba e o dia dessa
hora carnal.

Inerzia muove il mio sangue
inerzia quest'erba
che piega muta alla luna
dissanguata
dal tuo fermo guardare
senza passione

ANCESTRAL

Inércia move o meu sangue
inércia esta relva
que muda curva-se à lua
dessangrada
por teu olhar imóvel
sem paixão

Invano dalla pelle screpolata
chiedono nutrimento quelle perle
che morenti ti cadono sul seno.

Em vão nessa tua pele ressequida
procuram nutrimento aquelas pérolas
que agonizantes caem em teu seio.

Io ti dico parole e tu non vuoi
ascoltare e ti chiudi nel cappotto
Non sapevo il dolore d'esser muta
Il dolore di piangere e gridare
senza voce
di battere coi pugni
contro un muro danzante di sorrisi

ANCESTRAL

Eu te digo palavras e não queres
ouvir e te fechas no teu casaco
Não sabia da aflição de ser muda
A aflição de chorar e de gritar
sem voz
de bater com os punhos
contra um muro dançante de sorrisos

Inizio d'amore

Voglio ricordare. Ma ho paura
di smarrire nel nero dei capelli
di un sonno prolungato qualche accento
della tua voce di ieri. Ho paura
di svegliarmi col sole che scantona
dietro l'angolo buio della casa.

Início de amor *

Quero recordar-me. Mas tenho medo
de perder na escureza dos cabelos
de um sono prolongado algum sinal
da tua voz de ontem. Tenho medo
de despertar com o sol que se furta
atrás da esquina sombria da casa.

---

* Na edição original, que serve de referência para esta tradução,
este poema aparece duas vezes (ver. p. 107), aqui com título e
diferente quebra de verso. [N. T.]

Notte siciliana

La luna mente
La lingua fra le labbra
Sanguina
Sul silenzio convulso degli uccelli
Dietro c'è un sole

Noite siciliana

A lua mente
A língua entre os lábios
Sangra
Sobre o silêncio convulso dos pássaros
Atrás há um sol

La sera ripensa il giorno
assomma le ore
di luce. Cerca
di ordinare
l'insensato cadere dei colori
la chiave d'una vita che dura
solo dodici ore.

A noite repensa o dia
reúne as horas
de luz. Tenta
ordenar
o insensato cair das cores
a chave de uma vida que dura
apenas doze horas.

Le mie labbra fioriscono al tuo fiato
il mio collo si macera al tuo sudore
di cera e miele. Miele lega il mio
braccio. Nel mio grembo
una vita sopita attende.

Os meus lábios florescem no teu fôlego
meu pescoço se banha em teu suor
de cera e de mel. Mel amarra o meu
braço. No meu colo
uma vida adormecida aguarda.

Fiaba

Lo sai che l'alba
è simbiosi d'alga
e di fungo?
Lo sai che rifiorisce
ogni notte
per succhiare
le bocche dei morenti?
Questo fa gridare
gli uccelli aggrappati
all'albero del terrore.

Conto de fadas

Sabes que a alvorada
é simbiose de alga
e de fungo?
Sabes que reflore
cada noite
para sugar
as bocas de quem morre?
Isso faz gritar
os pássaros agarrados
à árvore do terror.

L'orma è grande
L'orma è sua
Qui è passata
Dietro il muro s'è fermata
Ora spia
Sotto il lampione
Spia il mio passo
E ride piano

ANCESTRAL

A pegada é grande
A pegada é aquela
Aqui passou
Atrás do muro parou
Agora espia
Junto ao poste
Espia o meu passo
E ri de leve

Con lunghi capelli e dita fini
passeggi in riva al
mare dei miei seni. Naviga in me
giovane astuto
il fiato ti tradisce
è fiato arso virile.
Lascia il tuo travestimento.
È scritto così
del suo fiato morirai.

ANCESTRAL

Com cabelos longos e dedos finos
passeias à beira-mar
dos meus seios. Navega em mim
jovem astuto
o fôlego te entrega
é fôlego viril queimado.
Deixa o teu disfarce.
Assim está escrito
desse fôlego morrerás.

Mi pesa il giorno e lo specchio
furente contro il sole
mi sega le pupille mi dissecca
la gola
Mi venisti vicino
a piedi nudi
fissando i miei pensieri
Mi venisti vicino
a dormire al mio fianco
rivoltato
contro il muro che d'alba
ora s'ammala

Pesa-me o dia e o espelho
furioso contra o sol
me serra as pupilas resseca
a garganta
Chegaste perto
de pés descalços
fitando os meus pensamentos
Chegaste perto
para dormir ao meu lado
virado
contra a parede que já
de alvor se enferma

Nella sera il tuo seno fra le foglie
il suo bianco dischiude di gardenia
assetata in attesa della notte

ANCESTRAL

Fim de tarde o teu seio em meio às folhas
o seu branco descerra de gardênia
sedenta enquanto espera pela noite

Niente può risvegliarti dal letargo
che t'ha afferrato alle braccia
con mani di ghisa.
Hai sentito il suo passo fra le vigne.
Ora devi cercarlo. E sorda e muta
ti aggiri per il sentiero
del mezzogiorno.

Nada pode acordar-te do letargo
que te agarrou pelos braços
com mãos de ferro.
Ouviste aquele passo entre as videiras.
Já deves procurá-lo. E surda e muda
vagueias pelo caminho
do meio-dia.

Non abbiamo parole né sentieri
ma rotaie tracciate dal buonsenso
in un codice di scambi
Non abbiamo più pause né voci
ma gallerie squassate
da vagoni piombati trascinati
nella morsa epilettica del treno

Já não temos palavras nem caminhos
mas trilhos traçados pelo bom senso
num código de trocas
Já não temos pausas nem vozes
mas túneis sacudidos
por vagões chumbados arrastados
para o torno epilético do trem

Non c'è niente che possa rallentare
questo certo dissolversi di medusa
aggrappata alla sabbia
lontana dal mare

Não há nada que possa retardar
um certo dissolver-se de água-viva
agarrada à areia
distante do mar

Non fatemi tornare
so dove conduce
questa strada che sempre nella notte
mi si para davanti.
Non fatemi tornare a quel gradino
rosicchiato dai topi arso dal vento.
La mia ombra mi attende col suo viso
di vecchia disseccata. Col suo collo
coperto di rubini.

ANCESTRAL

Não façam com que eu volte
sei aonde conduz
esse caminho que sempre de noite
se crava à minha frente.
Não façam com que eu volte ao degrau
que o rato roeu que o vento queimou.
A minha sombra espera com seu rosto
de velha ressecada. Com seu pescoço
coberto de rubis.

Non posso più raccogliere il tuo seme.
Non ho terra. Di sabbia è pieno il mio
vaso. Non piove. La saliva
s'è seccata fra i denti
arsa dal vento.

Já não posso recolher a tua semente.
Não tenho terra. Está cheio de areia
o meu vaso. Não chove. A saliva
ressecou-se entre os dentes
queimada pelo vento.

Perorazione

Non sprecare il tepore del tuo pube
non serrare il tuo passo in gonne strette
di tetra seta, ma lascia
per favore accenderti i capelli
dal sole che scantona dietro il muro.

Non vorrei che sorpresa dalla luna
ti trovassi costretta in una notte
a gridare pentita con quel viso
di donna disseccata sopra il tuo.

Peroração

Não gastes a quentura do teu púbis
não prendas o teu passo em saias justas
de seda turva, mas deixa
por favor acender-se o teu cabelo
do sol que se furta atrás do muro.

Não te quero flagrada pela lua
achando-te forçada numa noite
gritando arrependida com um rosto
de mulher ressecada sobre o teu.

Ora so tu mi vuoi
generare dal tuo fianco
di uomo. Concimare
del tuo sguardo
di uomo. Ma so anche
questo che maturare
posso solo gridando
sotto il tuo peso.

Agora sei queres
me gerar do teu flanco
de homem. Fertilizar
com tua mirada
de homem. Mas sei também
isto que maturar
posso só gritando
sob o teu peso.

Piangendo ci incontrammo fra le barche
gli occhi spalancati sul tramonto
Piangendo ci abbracciammo in riva al mare
sbiancato dalle nuvole incombenti.

Piangendo ci sedemmo sulla rena
già fredda, ci scaldammo a quel dolore
di lasciarsi nel pieno dei discorsi.

Mi stringevi le mani e la tua spalla
nera ancora di sole traspariva
nel bianco del vestito.
Ti chinasti
a baciarmi, la tua treccia
mi ricadde nel grembo calda di sole.

Chorando nos achamos entre os barcos
os olhos bem abertos no crepúsculo
Chorando nos abraçamos junto ao mar
branqueado de nuvens iminentes.

Chorando nos sentamos numa areia
já fria, aquecemo-nos na dor
de sairmos no meio das conversas.

Apertavas minhas mãos e teu ombro
negro ainda de sol transparecia
no branco do vestido.
Te curvaste
a me beijar, a tua trança
caiu no meu colo quente de sol.

Quando hai chiuso la porta un'altra s'apre
Non esistono chiavi o serrature
Né sbarre, catenacci. Basta voltare
Lo sguardo e spingere
Piano con le mani.

ANCESTRAL

Quando se fecha uma porta outra se abre
Não existem chaves ou fechaduras
Nem grades, correntes. Desvia apenas
O teu olhar e empurra
Devagar com as mãos.

Resta vicino a me ti prego
poco resta al biancore dei miei seni
e presto di fiori di carta le mie labbra
senza sangue saranno
senza domande

Fica perto de mim, te peço
pouco sobra à brancura dos meus seios
e logo de flores de papel os meus lábios
sem sangue estarão
sem perguntas

Ritorna a me che seppi il tuo calore
le tue occhiaie affondate nella notte
le tue dita venate stridere piano
come seta sottile lacerata

Retorna a mim que soube o teu calor
as tuas olheiras afundadas na noite
os teus dedos veiados rangendo leve
como seda suave lacerada

Sapere che tu esisti
parli, ti muovi
fra visi estranei
ammucchiati alle pareti
fra grappoli di mani
ammonticchiati
sui tavoli di latta dei caffè.
Sapere che tu esisti
che ti muovi
ordinando gli oggetti
con gesto lento
scansando
cauto il vuoto che ti preme
alle dita. Sapere
questo, sapere
che ti volgi senza parlare
al mio passare.
Sapere
questo mi spinge a ricercare
tra il fragore di denti scoperchiati
la pausa del tuo viso.

Saber que existes
falas, te moves
entre rostos estranhos
apinhados nas paredes
entre cachos de mãos
amontoados
nas mesinhas de metal dos cafés.
Saber que existes
que te moves
arrumando os objetos
com gesto lento
esquivando-te
cauto do vazio que te aperta
nos dedos. Saber
disso, saber
que te voltas quando passo
sem falar.
Saber
disso me leva a procurar
entre o fragor de dentes destapados
a pausa do teu rosto.

A te che passi
e porti la tua gioia
fra le braccia
sul seno contro vento
Non ti fermi, non
guardi
e la parola mi
muore fra le mani
e non ho fiato

Ó tu que passas
e levas a tua alegria
entre os braços
no seio contra o vento
Não paras, não
olhas
e a palavra me
morre entre as mãos
e não respiro

Chi squassa la porta inchiodata
sul pube sbiadito seccato
sul seno atrofizzato
da fasce taglienti che hanno
sentore d'incenso e di cera
Chi forza la porta cucita
dal ragno con annosi ricami
e si piega sul tuo fianco contratto

Quem sacode a porta pregada
no púbis sem cor ressecado
no seio atrofiado
por faixas cortantes que carregam
resquícios de incenso e de cera
Quem força a porta costurada
pela aranha com longos recamos
e se dobra no teu flanco contraído

Il filo di mezzogiorno

Se dovessi giurare di averla vista giurerei il falso.
Eppure essa è esistita per un momento.
  [Per un momento
il suo pallore s'è incastonato nel fiato teso del mare
e il mio respiro s'è fermato. Mi chinai sul libro
tormentato dal desiderio di rivederla
ma lei mi fissava con occhi ondosi
incavati fortemente nella roccia e
temevo mi riconoscesse.
E quando, vinto il timore, mi slanciai
per afferrarla, la notte era calata e con la notte
nubi e tramestio di luci, di bicchieri, di tovaglioli
accesi da gesti rapidi. E la sabbia lagrimante
  [di bitume
non aveva più orme né barche.

O fio do meio-dia

Se tivesse de jurar tê-la visto juraria em falso.
Contudo ela existiu por um instante.
  [Por um instante
a sua lividez se engastou no sopro tenso do mar
e o meu fôlego cessou. Curvei-me sobre o livro
atormentado pelo desejo de revê-la
mas ela me fitava com olhos de ressaca
cavados fortemente na pedra e
eu temia ser reconhecido.
E quando, vencido o temor, atirei-me
para agarrá-la, a noite havia caído e com a noite
nuvens e alvoroço de luzes, copos, guardanapos
acesos por gestos rápidos. E a areia lacrimante
  [de betume
não tinha mais vestígios nem barcos.

Si ascolta
sempre una voce
Sempre
si guarda un viso
Si attende
ora per ora chi
deve arrivare
Si spia
il suo tornare
le sue albe
il suo accostarsi
nell'erba della sera
Ora sola
precipiti nel dirupo delle tue grida

Escuta-se
sempre uma voz
Sempre
olha-se um rosto
Espera-se
hora em hora quem
deve chegar
Espia-se
o seu retorno
os seus alvores
o seu recostar-se
na grama da noite
Agora sozinha
te precipitas no barranco dos teus gritos

Perquisiscono rapidi le stanze
alti uomini ossuti, senza fretta
scivolano fra le sedie e il canterano
rivoltano gli specchi contro i muri
e accendono le luci con stridore
di denti.

Perquisiscono rapidi le stanze
della mia casa vuota, disertata
scordata dagli amici e senza te,
s'aggirano per vani e corridoi
spalancano le porte e senza fretta
frugano nei cassetti e nei bauli
si chinano a guardare fissamente.

Logori stracci volano al soffitto
sbattono al legno duro della porta
sbarrata dagli eventi accumulati
coagulati
marciti sulla soglia senza impronte.

Revistam rápido os dormitórios
altos homens ossudos e sem pressa
deslizam entre as cadeiras e o armário
viram os espelhos contra as paredes
e acendem as luzes com estridor
de dentes.

Revistam rápido os dormitórios
da minha casa vaga, desertada
sozinha de amigos e sem ti,
rondando pelos vãos e corredores
escancaram as portas e sem pressa
vasculham em gavetas e baús
curvam-se e observam fixamente.

Farrapos gastos voam para o teto
batem na madeira dura da porta
barrada por eventos cumulados
coagulados
na soleira estragados sem pegadas.

Chi siete voi che con mani di topo
disossate, palpate su pei muri
per le tende
lì negli angoli oscuri dove il muschio
sconnette le piastrelle.

Quem são vocês que com suas mãos de rato
desossadas, apalpam as paredes
as cortinas
lá nos cantos obscuros onde o musgo
deixa soltos os azulejos.

Tu hai mani di uomo pesanti
sul mio seno pesanti
legano le mie vene in nodi
di febbre

Tens mãos de homem pesadas
no meu seio pesadas
atam as minhas veias em nós
de febre

T'ho rubato
il sudore
d'alga
marina
e lo tengo
sul petto
sulle braccia
fra le cosce
nella mia
carne
lo tengo
fino
all'alba

Te roubei
o suor
de alga
marinha
e o seguro
no peito
nos braços
entre as coxas
na minha
carne
segurando
até
a alba

Con la gioia
dell'occhio voglio
amarti straniero
nemico
uomo amante
nemico
Tu non sei padre
di donne come vuoi
sembrare
e se lo sguardo
addolcisci la
bugia del tuo
sesso s'affila
in una lama
Io non temo il
coltello
contenere posso
il suo assalto senza
sforzo e rubarti
lo sperma donna
e ladra la
natura m'ha
fatta per godere

ANCESTRAL

Com o prazer
dos olhos quero
te amar estrangeiro
inimigo
homem amante
inimigo
Não és pai
de mulher como queres
parecer
e se o olhar
abrandas a
mentira do teu
sexo se aguça
numa faca
Eu não temo a
lâmina
conter eu posso
esse assalto sem
esforço e te roubar
o esperma mulher
e ladra a
natureza me
fez para gozar

e rubare
e sottrarti la
vita che tu temi
di dare uomo avaro
che sperperi
nei dubbi dell'essere
o del non essere
il tuo pene

e roubar
e te furtar a
vida que temes
dar homem avaro
que dilapidas
nas dúvidas do ser
ou do não ser
o teu pênis

A mio padre

M'insegnasti un amore senza dio
un amore difficile terreno
per le donne e i carusi del quartiere
nero grumo di lava sotto il sole.

M'insegnasti un amore senza dio
un amore carnale pieno d'odio
per i vecchi corrosi dalla sete
contro il muro buttati tra gli sputi.

M'insegnasti a discernere l'afrore
della fame rappreso nei capelli
dell'amica di banco a non temere
il nitore sprezzante del suo basso.

M'insegnasti quel ridere che sboccia
come fiore di sciara dal selciato
e cresce nel calore dei cortili
s'avviluppa alla notte su pei balconi
dove i cigni sgomenti delle tende
si rinserrano lividi a celare

Para meu pai

Me ensinaste um amor que não tem deus
um amor laborioso terreno
por mulheres e moleques do meu bairro
negro grumo de lava sob o sol.

Me ensinaste um amor que não tem deus
um amor carnal repleto de ódio
por velhos corroídos pela sede
atirados no cuspe contra o muro.

Me ensinaste a discernir o cheiro acre
da fome coagulado no cabelo
da colega de carteira a não temer
o brilho desdenhoso em seu cortiço.

Me ensinaste aquele riso que brota
como uma flor de páramo em cascalho
e cresce na quentura dos quintais
sobe à noite e se enrosca nas varandas
onde os cisnes inquietos das cortinas
lívidos se encerram a ocultar

mani lisce dall'unghie levigate.
Mi portasti per strade per vanedde
a fatica tagliate nella lava
fra l'insonne delirio di carretti
e banchi e palchi issati per l'agonia
di anguille laminate boccheggianti
fra i garofani accesi dalle grida
di coltelli in scommesse balenanti
nel verde insanguinato dei meloni.

Per anni quel tuo ridere di lama
sussultante fra i denti mi protesse
dal terrore appostato nei cantoni
con scarpini attillati di mafiosi
in attesa impaziente sbriciolata
di cicche morse dal tacco di vernice.

Per anni quel tuo passo senza rimorsi
mi protesse dai vicoli più scuri
dove ammiccano donne traballanti
nel lucore verdino dei lumini
fra i seni rosei posati sul vassoio
e le tenaglie infuocate che la santa
sogguarda col suo petto mutilato.

ANCESTRAL

mãos macias com as unhas bem polidas.
Me levaste por ruas por vielas
mal talhadas na lava entre o insone
delírio de carrinhos e de bancas
e palcos içados para o tormento
de enguias laminadas arquejantes
entre os craveiros acesos por gritos
de facas em apostas faiscantes
no verde ensanguentado dos melões.

Por anos aquele teu rir de lâmina
soluçante entre os dentes me salvara
do terror posto à espreita nas esquinas
com sapatinhos justos de mafiosos
na espera impaciente esmigalhada
das bitucas sob o salto de verniz.

Por anos o teu passo sem remorso
protegeu-me dos becos mais escuros
onde flertam mulheres cambaleantes
no fulgor esverdeado das luzes
entre seios róseos postos na bandeja
e as tenazes ardentes que olha a santa
de soslaio com seu peito mutilado.

Per anni nelle notti smerigliate
dalla pomice rossa di scirocco
leggevamo vicini sul balcone
in attesa dell'eco di frescura
che in un grido si strappa dalla calura.

Dalle mani dell'uomo nelle mie mani
travasavi le ceusa «succo di bosco»
stillanti miele nero sul piattino
di pampini intrecciato «in modo fino».

In modo fino il tuo viso mi rideva
nelle palme scottate da quel gelo.
Nel gelo acuminato di libeccio
fra i portici come oboe suonati
dal fiato salso del mare mi guidavi
nell'antro trasudante di passione.

La tua fronte fendendo l'aria appannata
dall'ansia dei picciotti m'indicava
fra la folla dei turchi e i paladini
la bellissima Angelica fremente

Por anos toda noite esmerilhada
pela rubra pedra-pomes de siroco
líamos eu ao teu lado na varanda
à espera daquele eco de frescor
que num grito se esfarrapa de calor.

Das mãos do homem para as minhas mãos
transvasavas amoras «suco silvestre»
destilando mel negro na terrina
de pâmpanos cruzada «em guisa fina».

Em guisa fina o teu rosto me sorria
nas palmas abrasadas pelo gelo.
Com o gelo cortante do *libeccio**
entre pórticos como oboés soando
pelo sopro salso do mar me guiavas
pelo antro transpirante de paixão.

A tua fronte fendendo o ar embaçado
pela ânsia dos moleques me indicava
entre a turba de turcos e paladinos
a belíssima Angélica fremente

---

* O *libeccio* é um vento que sopra no Mediterrâneo proveniente do
   Sudoeste. [N. T.]

di bagliori di latta e nel frastuono
di ferrame vociante quel tuo riso
luceva attorcigliato sul clamore
alla spada d'Orlando sguainata
in difesa del giusto e del meschino.

de fulgores de lata e no estrondo
de armaduras gritantes o teu riso
luzia emaranhado no clamor
à espada de Orlando sem a bainha
em defesa do justo e do mesquinho.

Vorrei all'ombra del tuo
sguardo
sostare e con la
mano disegnare
la tua voce
che cala verso
me a raccontare.

Vorrei al ritmo
del verso
abbandonarmi ma
il tempo stringe
e devo correre
ancora.

Queria à sombra dos teus
olhos
permanecer e com a
mão desenhar
a tua voz
que desce sobre
mim para contar.

Queria ao ritmo
do verso
me abandonar mas
o tempo urge
e correr ainda é
preciso.

SICILIANE

---

* La raccolta *Siciliane* è stata pubblicata per la prima volta nel 2012 da Il Girasole Edizioni.

SICILIANOS

---

* A coletânea *Sicilianos* foi publicada pela primeira vez em 2012 por Il Girasole Edizioni.

A mia madre

Tri voti apristi l'occhi
pri mi guardari.
Tri voti suspirasti
stirasti i vrazza
scusannuti
e senza parrari
ti sfilasti a vita
com'un cappottu
ca pisa quannu veni
a bedda staggiuni.

Para minha mãe

Três vezes abriste os olhos
para me olhar.
Três vezes suspiraste
alongaste os braços
desculpando-te
e sem falar
te despiste da vida
como de um casaco
que pesa quando
chega a bela estação.

A mio padre

Picchì mi chiami
accussì
chi voi di mia.
A to carni è fridda
ora.
Prima nun mi vulisti
vasari.

Para meu pai

Por que me chamas
assim
o que queres de mim.
A tua carne está fria
agora.
Antes não quiseste me
beijar.

Ti lassai nica
vicinu a la funtanedda.
Ora parri cu mia
e mi talii
intr'all'occhi.
M'addimanni.
Chi ti pozzu arrispunniri?
Semu crisciuti.
A funtana cuntinua
a ghittari acqua.
Tu porti ora du giarri
inveci ca una comu a mia.
Nun juochi a lassa e pigghia
sutt'u lampiuni.
Pigghi u friscu
a lu balcuni.
E a matina ti cusi a vesti
di sita pu fistinu.

Te deixei miúda
junto à fonte.
Agora falas comigo
e me olhas
nos olhos.
Me perguntas.
O que te posso responder?
Já crescemos.
A fonte continua
a jorrar água.
Carregas agora duas jarras
e não uma como eu.
Não brincas de pega-pedra
sob os postes.
Te refrescas
na varanda.
E de manhã costuras teu vestido
de seda para a festa.

Non pozzu scinniri
cu tia
pi sta notti c'affunna.
Lu mari è niuru
a st'ura
e iu nun sacciu
natari.

Não posso descer
contigo
nesta noite que afunda.
O mar é negro
nesta hora
e eu não sei
nadar.

Si putissi viriri
n'autra vota
ti vurria diri
ca ora sacciu
cu eri
ca ora sacciu
a to forza
lu to caluri.

Se pudesse te ver
outra vez
te diria
que hoje sei
quem eras
que agora sei
a tua força
o teu calor.

Ciatu miu
ciatu
si rispiru
rispiro
pa to vucca.
Si talìu
taliu pri to' occhi
Appressu a tia
imparu a circari
intra l'ortichi
a trazzera ca porta
a lu mari.

Fôlego meu
fôlego
se respirar
respiro
pela tua boca.
Se olhar
olho pelos teus olhos
Seguindo-te
aprendo a procurar
entre as urtigas
o caminho que leva
ao mar.

Si scurdaru
d'essiri puvireddi
e pri lu munnu
si nni jeru
vistuti di strazzi.
Poi si ficiru
giacchi cu jurnali
e cu cartuni
un tabbutu
pri ripusari.

Esqueceram
de ser pobres
e para o mundo
se foram
vestidos de trapos.
Logo se fizeram
casacos de jornais
e de papel
um caixão
para o descanso.

Curri ca lu sangu
staiu pirdennu.
Mi mori
l'unicu figghiu
pria di nasciri.
Curri ca lu latti
s'è quagghiatu
nni lu pettu.
Sugnu o scuru.

Corre que estou
perdendo o sangue.
Morre o meu
único filho
antes de nascer.
Corre que o leite
está coalhado
no peito.
Estou no escuro.

Turna a mia.
Haiu l'acqua
ghiacciata nnu biccheri.
Nun viri ca lu suli
è autu nto celu?
Nun viri ca la luna s'ammucciò
arreri u munti?
Lu jornu è chinu
a notti passò.
Iu t'aspettu o balcuni.

Volta para mim.
Tenho a água
gelada no copo.
Não vês que o sol
está alto no céu?
Não vês que a lua se escondeu
atrás do monte?
Plenitude do dia
a noite passou.
Te espero na varanda.

E va beni. Facemu cuntu
ca 'un ni canuscemu.
Comu si 'un avissimu jucatu
nsemmula nna rina.
Eppuru lu sai ca m'aiutasti
a scavari na fossa
finu a quannu tuccammu
l'acqua nnu funnu.
L'acqua du mari.

Está bem. Vamos fingir
que não nos conhecemos.
Como se não tivéssemos brincado
juntos na areia.
Contudo sabes que me ajudaste
a escavar uma fossa
até tocarmos
a água no fundo.
A água do mar.

Vaiu sbattennu
tra tia e sti scogghi
com'unna prisa
nno ventu
di libicciu.

Vou esbarrando
entre ti e as rochas
como onda presa
no vento
do *libeccio*.

U sacciu c'ora veni
ma tantu chi vali?
Ti nni vai
e iu tornu a ieri.
Com'a ieri
spiu u to passu
pri li scali.
Ti nni vai.

Sei a que horas vens
mas afinal o que importa?
Logo te vais
e eu volto a ontem.
Como ontem
espio o teu passo
nas escadas.
Logo te vais.

Nun tu dicu
è 'nutili ca mi talii
'n sta manera
non tu dicu.
Manciu e bivu
comu a tutti
ma a tia nun vogghiu
spiegari.
Nun dicu nenti
e sicutu a caminari.

Não vou te dizer
é inútil me olhar
dessa maneira
não vou te dizer.
Como e bebo
igual a todos
mas a ti eu não quero
explicar.
Não digo nada
e continuo a caminhar.

È n'annu
ca ti scrivu
e tu cu suli
veni e vai.
Poi scinni a sira
e tu t'ammucci
e nun rispunni.

Há um ano
que te escrevo
e junto ao sol
vens e vais.
Logo cai a noite
e te escondes
e não respondes.

Malu sangu
mi fa viriri
i to occhi puntuti
com'a chiddi da biscia,
ca spianu i radici
di sta me notti.

Sangue mau
me faz ver
os teus olhos afilados
como aqueles da cobra,
que espiam as raízes
desta minha noite.

Chi fu?
Chi fu?
Unni, quannu,
picchì?
Niscisti sula?
Pri viculi
currevi?
Viristi a notti
arreri u lampiuni?
Ti scantasti?
Chiancisti?
Chi duluri
nun viriti crisciri
sula pri strati.
Nun sentiri
u to chiantu,
nun viriri
u to visu sculuriri,
in stu duci palluri
c'ora luci sicuru.
M'attinagghia
u ciatu e l'occhi,
mi grida: unn'eri.

O que foi?
O que foi?
Onde, quando,
por quê?
Saíste sozinha?
Pelos becos
corrias?
Viste a noite
atrás do poste?
Ficaste assustada?
Choraste?
Que dor
não te ver crescer
sozinha pelas ruas.
Não sentir
o teu pranto,
não ver
o teu rosto empalidecer,
nesta doce palidez
que agora reluz segura.
Me acorrenta
o fôlego e os olhos,
me grita: onde estavas.

Gessuminu girmugghia
da li to mani pusati
su l'umitu da rina.
Si rapunu i to occhi
a li lampari
ca currunu a funniri
u mari cu li stiddi.

Jasmim germina
das tuas mãos pousadas
no úmido da areia.
Abrem-se os teus olhos
às lâmpadas de pesca
que correm a fundir
o mar com as estrelas.

INDICE DELLE POESIE

Ancestrale

[Separare congiungere]	36
A mia madre	38
[Vedi non ho parole eppure resto]	44
[È predisposto.]	46
[Il monte il mare]	48
[Non sottrarsi ma accoglierla]	50
[Ascolta non c'è parola per questo]	52
[I fiori crescono]	54
[Se sapessi il tuo viso, se potessi]	56
[Ancora un'ora due]	58
[Non posso chiudere gli occhi. Abbacinata]	60
[La Luna che s'ingravida del Monte]	62
[Un giorno dubitai]	64
[Non questo era previsto]	66
[Non potrai più uscire.]	68
Secondo una fotografia di mio padre adolescente	70
[Un altro giorno s'annega all'orizzonte]	72
[Ventre vuoto]	74
[Mi muore il giorno]	76

ÍNDICE DE POEMAS

Ancestral

[Separar convergir]	37
Para minha mãe	39
[Vê não tenho palavras porém fico]	45
[Está arranjado.]	47
[O monte o mar]	49
[Não subtrair-se mas acolhê-la]	51
[Escuta não há palavra para isso]	53
[As flores crescem]	55
[Sabendo o teu rosto, podendo ainda]	57
[Mais uma hora duas]	59
[Não posso fechar os olhos. Seu rosto]	61
[A Lua engravidando-se do Monte]	63
[Um dia duvidei]	65
[Nada disto era previsto]	67
[Já não poderás sair.]	69
A partir de uma fotografia de meu pai adolescente	71
[Outro dia se afoga no horizonte]	73
[Ventre vazio]	75
[Morre-me o dia]	77

[Sebbene l'odio oggi più che mai]	78
[La luna tralcio a tralcio rotolava]	80
[Ancora la memoria m'ha destata]	82
[A te che hai gli occhi]	84
[Ancora una volta]	86
[Non sapevo che il buio]	88
[Alle radici sabbiose]	90
[Non ho potuto e in piedi]	92
[La paura ha una faccia grande di luna]	94
[Cosa aspetti sull'uscio]	96
[Un'ombra cade ansante sui cuscini]	98
[Ora giochiamo]	100
[È vero non abbiamo]	102
[Ti lascerò andare]	104
[Voglio ricordare. Ma ho paura]	106
[Si schiudono le porte]	108
Distacco	110
[È compiuto. È concluso. È terminato.]	112
[Contemplando i tuoi tratti mi trovai]	114
[Un'altra notte ritorna un'altra attesa]	116
[Un traguardo di morte all'altro capo]	118
[Un volo e in un attimo la stanza]	120
[Quante volte richiuso]	122
[M'uccidi ma il mio viso]	124

ÍNDICE DE POEMAS

[Apesar de odiá-lo hoje mais que nunca]	79
[A lua galho a galho deslizava]	81
[Ainda agora a memória me desperta]	83
[A ti que tens olhos]	85
[Ainda uma vez]	87
[Não sabia que o escuro]	89
[Junto às raízes arenosas]	91
[Não pude e em pé]	93
[O medo tem uma grande cara de lua]	95
[O que esperas no umbral]	97
[Na almofada cai arfante uma sombra]	99
[Vamos brincar]	101
[É verdade, não temos]	103
[Te deixarei ir]	105
[Quero recordar-me. Mas tenho medo]	107
[Descerram-se as portas]	109
Distanciamento	111
[Cumpriu-se. Concluiu-se. Terminou-se.]	113
[Contemplando os teus traços percebi]	115
[Outra noite retorna outra espera]	117
[Horizonte de morte noutra ponta]	119
[Um voo e num instante o quarto]	121
[Quantas vezes fechada]	123
[Me matas mas meu rosto]	125

[Là dove il sangue s'aggruma]	126
A Nica morta nel bombardamento di Catania dell'aprile 1942	128
[Un passo dopo l'altro]	134
[Dietro di noi la notte schiude]	136
[Tu mi volgi le spalle]	138
[Ti vidi ridere sola]	140
[Desiderio perduto]	142
[La morte ti ha vinto]	144
[La mia porta è segnata]	146
[Mi volsi e nella notte]	148
[Non ricordo l'inizio del discorso]	150
[Non andare rimani]	152
[Non scherzare di notte fuori dall'uscio]	154
[L'estate andiamo]	156
[Come potrò resistere alla notte]	158
[Al delitto avvinghiata]	160
[Guardati dal ferro]	162
[Scavo fra le tue labbra]	164
[Cadendo sulla soglia della tua porta]	166
[Abbiamo un termine]	168
[Porto in me morta una pena]	170
[Finirò di fuggire solo quando]	172
[Serrare i pugni]	174
[Col fuoco e l'antimonio]	176

ÍNDICE DE POEMAS

[Lá onde o sangue coagula]	127
Para Nica, morta no bombardeio de Catânia em abril de 1942	129
[Um passo atrás do outro]	135
[Atrás de nós a noite descerra]	137
[Me dás as costas]	139
[Te vi rir sozinha]	141
[Desejo perdido]	143
[A morte te venceu]	145
[A minha porta está marcada]	147
[Voltei-me e de noite]	149
[Não me lembro do início da conversa]	151
[Não te vás demora]	153
[Não brinques à noite fora do portão]	155
[No verão vamos]	157
[Como poderei resistir à noite]	159
[No delito emaranhada]	161
[Foge do ferro]	163
[Escavo entre os teus lábios]	165
[Tombando na soleira da tua porta]	167
[Temos um prazo]	169
[Trago em mim morta uma dor]	171
[Deixarei de fugir apenas quando]	173
[Cerrar os punhos]	175
[Com fogo e antimônio]	177

Secondo una fotografia di mio padre giovane	178
[La muffa del silenzio germina ombre]	180
[Insonne la gardenia distillava]	182
[Risalire devi il fiume]	184
[Scialli neri parati contro il sole]	186
[Pioggia d'odio dal cielo]	188
Aggeo	190
Aggeo 2	192
Franca	194
Letizia	196
Nica a undici anni dalla sua morte	198
Piera	200
Pilù	202
Pilù 2	204
A T. M.	206
Tonello	212
[Oggetti d'ombra le tue occhiaie]	214
Messaggio	216
A Montale giovane	218
[All'alba mi sono ritrovata]	220
Avvertimento	222
[C'è una partita]	224
Infanzia	226
Infanzia 2	228

ÍNDICE DE POEMAS

A partir de uma fotografia de meu pai jovem	179
[O mofo do silêncio germina sombras]	181
[Insone a gardênia destilava]	183
[Subir de novo deves]	185
[Xales pretos fixados contra o sol]	187
[Chuva de ódio do céu]	189
Ageu	191
Ageu 2	193
Franca	195
Letizia	197
Nica nos onze anos de sua morte	199
Piera	201
Pilù	203
Pilù 2	205
Para T. M.	207
Tonello	213
[Objetos de sombra as tuas olheiras]	215
Mensagem	217
Para Montale jovem	219
[Na alvorada me encontrei]	221
Advertência	223
[Existe uma partida]	225
Infância	227
Infância 2	229

[Fare disfare ancora rifare]	230
[È primavera. La talpa]	232
[Ho camminato sul ciglio]	234
[Ho mangiato senza sale né pane.]	236
[Ho forzato il tuo sguardo e ora sento]	238
Un'altra fiaba	240
[Inerzia muove il mio sangue]	242
[Invano dalla pelle screpolata]	244
[Io ti dico parole e tu non vuoi]	246
Inizio d'amore	248
Notte siciliana	250
[La sera ripensa il giorno]	252
[Le mie labbra fioriscono al tuo fiato]	254
Fiaba	256
[L'orma è grande]	258
[Con lunghi capelli e dita fini]	260
[Mi pesa il giorno e lo specchio]	262
[Nella sera il tuo seno fra le foglie]	264
[Niente può risvegliarti dal letargo]	266
[Non abbiamo parole né sentieri]	268
[Non c'è niente che possa rallentare]	270
[Non fatemi tornare]	272
[Non posso più raccogliere il tuo seme.]	274
Perorazione	276

ÍNDICE DE POEMAS

[Fazer desfazer refazer de novo]	231
[É primavera. A toupeira]	233
[Tenho andado à beira]	235
[Tenho comido sem sal nem pão.]	237
[Forcei o teu olhar e agora sinto]	239
Outro conto de fadas	241
[Inércia move o meu sangue]	243
[Em vão nessa tua pele ressequida]	245
[Eu te digo palavras e não queres]	247
Início de amor	249
Noite siciliana	251
[A noite repensa o dia]	253
[Os meus lábios florescem no teu fôlego]	255
Conto de fadas	257
[A pegada é grande]	259
[Com cabelos longos e dedos finos]	261
[Pesa-me o dia e o espelho]	263
[Fim de tarde o teu seio em meio às folhas]	265
[Nada pode acordar-te do letargo]	267
[Já não temos palavras nem caminhos]	269
[Não há nada que possa retardar]	271
[Não façam com que eu volte]	273
[Já não posso recolher a tua semente.]	275
Peroração	277

[Ora so tu mi vuoi]	278
[Piangendo ci incontrammo fra le barche]	280
[Quando hai chiuso la porta un'altra s'apre]	282
[Resta vicino a me ti prego]	284
[Ritorna a me che seppi il tuo calore]	286
[Sapere che tu esisti]	288
[A te che passi]	290
[Chi squassa la porta inchiodata]	292
Il filo di mezzogiorno	294
[Si ascolta]	296
[Perquisiscono rapidi le stanze]	298
[Tu hai mani di uomo pesanti]	302
[T'ho rubato]	304
[Con la gioia]	306
A mio padre	310
[Vorrei all'ombra del tuo]	318

ÍNDICE DE POEMAS

[Agora sei queres]   279

[Chorando nos achamos entre os barcos]   281

[Quando se fecha uma porta outra se abre]   283

[Fica perto de mim, te peço]   285

[Retorna a mim que soube o teu calor]   287

[Saber que existes]   289

[Ó tu que passas]   291

[Quem sacode a porta pregada]   293

O fio do meio-dia   295

[Escuta-se]   297

[Revistam rápido os dormitórios]   299

[Tens mãos de homem pesadas]   303

[Te roubei]   305

[Com o prazer]   307

Para meu pai   311

[Queria à sombra dos teus]   319

Siciliane

A mia madre	322
A mio padre	324
[Ti lassai nica]	326
[Non pozzu scinniri]	328
[Si putissi viririti]	330
[Ciatu miu]	332
[Si scurdaru]	334
[Curri ca lu sangu]	336
[Turna a mia.]	338
[E va beni. Facemu cuntu]	340
[Vaiu sbattennu]	342
[U sacciu c'ora veni]	344
[Nun tu dicu]	346
[È n'annu]	348
[Malu sangu]	350
[Chi fu?]	352
[Gessuminu girmugghia]	354

Sicilianos

Para minha mãe	323
Para meu pai	325
[Te deixei miúda]	327
[Não posso descer]	329
[Se pudesse te ver]	331
[Fôlego meu]	333
[Esqueceram]	335
[Corre que estou]	337
[Volta para mim.]	339
[Está bem. Vamos fingir]	341
[Vou esbarrando]	343
[Sei a que horas vens]	345
[Não vou te dizer]	347
[Há um ano]	349
[Sangue mau]	351
[O que foi?]	353
[Jasmim germina]	355

DAS ANDERE

1 Kurt Wolff *Memórias de um editor*
2 Tomas Tranströmer *Mares do Leste*
3 Alberto Manguel *Com Borges*
4 Jerzy Ficowski *A leitura das cinzas*
5 Paul Valéry *Lições de poética*
6 Joseph Czapski *Proust contra a degradação*
7 Joseph Brodsky *A musa em exílio*
8 Abbas Kiarostami *Nuvens de algodão*
9 Zbigniew Herbert *Um bárbaro no jardim*
10 Wisława Szymborska *Riminhas para crianças grandes*
11 Teresa Cremisi *A Triunfante*
12 Ocean Vuong *Céu noturno crivado de balas*
13 Multatuli *Max Havelaar*
14 Etty Hillesum *Uma vida interrompida*
15 W. L. Tochman *Hoje vamos desenhar a morte*
16 Morten R. Strøksnes *O Livro do Mar*
17 Joseph Brodsky *Poemas de Natal*
18 Anna Bikont e Joanna Szczęsna *Quinquilharias e recordações*
19 Roberto Calasso *A marca do editor*
20 Didier Eribon *Retorno a Reims*
21 **Goliarda Sapienza *Ancestral***
22 Rossana Campo *Onde você vai encontrar um outro pai como o meu*

Composto em Lyon Text e GT Walsheim
Impresso pela gráfica Formato
Belo Horizonte, setembro de 2020